JN112025

Shuwasystem
A book to explain
with figure
: Library

図解ポケット

成功事例から学べる！

中小企業の SDGs対策が よくわかる本

TERASAKA Eri

寺坂 絵里 著

秀和システム

はじめに

　本書は、中小企業の経営者、社員に向けたSDGs実践についての入門書です。本書の前半では中小企業とSDGsの関係性を説明した上で、中小企業の経営者、社員がSDGs活動に取り組む上で踏むべきステップを豊富な実践事例とともに紹介しています。実践事例の中では、筆者が実際に中小企業に足を運び、取材を通して、経営者から直接聞いた現場の声を掲載しています。後半では、実践事例から得られる学び、中小企業がSDGsに取り組む重要性、そしてこれからの中小企業のSDGsの取り組みが向かう方向性について解説しています。

　ここ数年、SDGsという言葉をあらゆる場面で聞くようになりました。SDGsの意味は何となく知っているけれど、具体的な取り組みはできていない、そのような方も多いのではないでしょうか。

　私は2022年、ご縁がありミスコンテストに出場したことをきっかけに、コンテストでの課題の1つであるSDGsに取り組むことになりました。何から手をつければ良いのか分からない中、手探りで自分なりに学び考え行動した結果、コンテストではSDGs Awardという特別賞を頂くことができました。取り組み内容についてはコラムでお話ししています。この経験から、私のようなごく一般的な個人でも、実際に取り組めば必ず自分の身になり評価され、人のため、自分のためになるのがSDGsだと学びました。

　執筆にあたり数多くの書籍や政府の関連資料、講習会、取材を通してSDGsを学びました。日々の生活やテレビニュース、新聞などメディアの中でSDGsを意識すると、本書を執筆した3か月の間にも多くのSDGsとの出会いがあり、その多くを本書に織り込みました。

今後さらに4か月、5か月と日々を重ねると、さらにSDGsとの出会いが増えると思います。

　SDGsに限らず、何か目標を達成しようとしたとき、一番大切なのは目標達成までの道を描けるか描けないかだと考えています。描けた時点で半分は目標達成に必要な手順は終わっており、後はトライアンドエラーを繰り返し進めるのみです。

　SDGs実践について悩んでいる中小企業の経営者や社員の方が、本書を通し、SDGs実践に向けたヒントを得て、道を少しでも描くことができ、一歩前に踏み出すバイブルとなることを一番の目標に執筆しました。

　本書に出会ってくださった方がSDGsに取り組み、より有益な人生を送れる一助となれば大変嬉しく思います。

2023年7月　寺坂絵里

図解ポケット
中小企業のSDGs対策がよくわかる本

CONTENTS

CHAPTER 1 中小企業とSDGs

CHAPTER 2 SDGs実践ステップ

CHAPTER 3 SDGs実践事例　取材編

CHAPTER 4　SDGs実践事例　学び編

CHAPTER 5　SDGs実践事例からわかること

CHAPTER 6　中小企業がSDGsに取り組む意義

⑦ これからの中小企業のSDGs

●注意
(1) 本書は著者が独自に調査した結果を出版したものです。
(2) 本書は内容について万全を期して作成いたしましたが、万一、ご不審な点や誤り、記載漏れなどお気付きの点がありましたら、出版元まで書面にてご連絡ください。
(3) 本書の内容に関して運用した結果の影響については、上記 (2) 項にかかわらず責任を負いかねます。あらかじめご了承ください。
(4) 本書の全部または一部について、出版元から文書による承諾を得ずに複製することは禁じられています。
(5) 商標
本書に記載されている会社名、商品名などは一般に各社の商標または登録商標です。

CHAPTER

1

中小企業とSDGs

　最初のCHAPTERでは、SDGsについて基礎的な知識をお教えします。SDGsは現在、どれくらい達成されているのか？　SDGsとビジネスはどう結びついているのか？　中小企業とSDGsとの関係性について理解を深めていきましょう。SDGsに関連する用語も簡単にまとめていますので、ぜひ参考にしてください。

SDGsの基礎知識

最初にSDGsの背景や概要についてお伝えします。

1 SDGsと2030アジェンダ

　SDGs *は、2015年9月の国連サミットで加盟国193カ国の全会一致で採択された「持続可能な開発のための2030アジェンダ」に記載されており、2030年までに持続可能でよりよい世界を目指す国際目標です。17の目標とそれらを達成するための169のターゲットで構成されています。169のターゲットは、次ページのQRコードよりご覧ください。実践にあたり17の目標と169のターゲットに立ち戻った時、ぜひ参考にしてください。

　SDGsは突然できたものではなく、2000年9月にSDGsの前身で、採択された **MDGs** *（ミレニアム開発目標）の後継として生まれたものです。

2 MDGsとSDGs

　MDGs（ミレニアム開発目標）は、2001年～2015年の間で特に途上国の人々が直面していた多くの問題を解決する目標です。一方、先進国を含めMDGsの取り組みをさらに強化するとともに、MDGsの取り組みにあたり新たに浮き彫りになった課題も加えられた包括的な目標がSDGsです。

　SDGsでは地球上の誰一人取り残さない（Leave no one

＊ **SDGs**　Sustainable Development Goals 略。
＊ **MDGs**　Millennium Development Goals の略。

behind.）ことを誓っています。SDGs は発展途上国のみならず、先進国自身が取り組むユニバーサル（普遍的）なものであり、日本としても積極的に取り組んでいます。

ミレニアム開発目標（MDGs）

1	極度の貧困と飢餓の撲滅
2	普遍的初等教育の達成
3	ジェンダーの平等の推進と女性の地位向上
4	乳幼児死亡率の撲滅
5	妊産婦の健康の改善
6	HIV／エイズ、マラリアその他の疾病の蔓延防止
7	環境の持続可能性の確保
8	開発のためのグローバル・パートナーシップの推進

出典：公益財団法人　日本ユニセフ協会
　　　ミレニアム開発目標（MDGs）｜日本ユニセフ協会（unicef.or.jp）

2001〜2015年に特に
発展途上国の人々が直面して
いた多くの問題を解決！

◀169のターゲット

1	貧困をなくそう	あらゆる場所で、あらゆる形態の貧困に終止符を打つ。
2	飢餓をゼロに	飢餓に終止符を打ち、食料の安全確保と栄養状態の改善を達成するとともに、持続可能な農業を推進する。
3	すべての人に健康と福祉を	あらゆる年齢のすべての人の健康的な生活を確保し、福祉を推進する。
4	質の高い教育をみんなに	すべての人に包摂的かつ公平で質の高い教育を提供し、生涯学習の機会を促進する。
5	ジェンダー平等を実現しよう	ジェンダーの平等を達成し、すべての女性と女児のエンパワーメントを図る。
6	安全な水とトイレを世界中に	すべての人に水と衛生へのアクセスと持続可能な管理を確保する。
7	エネルギーをみんなにそしてクリーンに	すべての人々に手ごろで信頼でき、持続可能かつ近代的なエネルギーへのアクセスを確保する。
8	働きがいも経済成長も	すべての人のための持続的、包摂的かつ持続可能な経済成長、包摂的な完全雇用およびディーセント・ワーク（働きがいのある人間らしい仕事）を推進する。
9	産業と技術革新の基盤をつくろう	強靱なインフラを整備し、包摂的で持続可能な産業化を推進するとともに、技術革新の拡大を図る。
10	人や国の不平等をなくそう	国内および国家間の格差を是正する。
11	住み続けられるまちづくりを	都市と人間の居住地を包摂的、安全、強靱かつ持続可能にする。
12	つくる責任つかう責任	持続可能な消費と生産のパターンを確保する。
13	気候変動に具体的な対策を	気候変動とその影響に立ち向かうため、緊急対策を取る。

14	海の豊かさを守ろう	海洋と海洋資源を持続可能な開発に向けて保全し、持続可能な形で利用する。
15	陸の豊かさも守ろう	陸上生態系の保護、回復および持続可能な利用の推進、森林の持続可能な管理、砂漠化への対処、土地劣化の阻止および逆転、ならびに生物多様性損失の阻止を図る。
16	平和と公正をすべての人に	持続可能な開発に向けて平和で包摂的な社会を推進し、すべての人に司法へのアクセスを提供するとともに、あらゆるレベルにおいて効果的で責任ある包摂的な制度を構築する。
17	パートナーシップで目標を達成しよう	持続可能な開発に向けて実施手段を強化し、グローバル・パートナーシップを活性化する。

2030年までに
達成するのが目標です。

SDGsとビジネス

なぜビジネスにおいてSDGsが注目されているのでしょうか。

1 企業の経営環境の変化

　MDGs から SDGs に至る15年間に、世界には変化が起きました。その最たるものが**気候変動問題**でした。気候変動問題は異常気象、自然災害、水、食糧問題、エネルギー問題、失業、インフラ破壊、国家地域間紛争、感染症といった諸問題のリスクを増大させました。企業においても、多くの不確実な環境要因や利害関係者の拡大など、ビジネスや市場環境が大きく変化し、先行きが不透明で未来が予測できない状態 VUCA（**ブーカ**）を踏まえた中長期的な変化にも耐えうる経営が必要です。企業もビジネスも環境生態系の中で生きているという環境への関心、人間と社会を発展させるビジネスのあり方といった社会への関心が高まる中、企業には環境と社会重視への経営シフトが求められています。

2 ビジネスにおけるSDGsの位置づけ

　2015年9月25日第70回国連総会で採択された持続可能な開発のための2030アジェンダには、民間部門である企業が目標達成に貢献することが記載されています。SDGs 検討過程においても民間セクターの意見が積極的に反映されました。SDGs は、変化の激しい経営環境に身を置く企業を含めた世界が向かうべき方向性を示している、未来からの羅針盤のようなものです。ビジネス上の懸念事項が拡大した企業にとって、新たなルールである SDGs に向き合

うことは、企業の事業活動、新たな競争優位の構築を検討するにあたり、大きな指針となります。

FIGURE 3) VUCA（ブーカ）の構成要素

	予測できる　　　　　　　　行動結果　　　　　　　予測できない
把握できる	**V**olatility **不安定さ** 因果関係は明確だが 突発的で変動しやすい　　　　　**U**ncertainty **不確実さ** 因果関係は明確だが 行動の結果は変動しうる
状況	
把握できない	**C**omplexity **複雑さ** 結果は予測可能だが 多数の変数があり、因果の理解が困難　　　**A**mbiguity **曖昧さ** 因果関係が不明確で 先例のない想定外の事象が発生する

出典：三菱総合研究所　長期ビジョンで企業変革を実現する　第1回：変革スイッチとしての長期ビジョン｜長期ビジョンで企業変革を実現する｜三菱総合研究所（MRI）

FIGURE 4) 持続可能な開発のための2030アジェンダ抜粋

28. 政府、国際機関、企業、その他の非政府主体や個人は、開発途上国における持続可能な消費と生産を促進するための科学、技術、革新能力を獲得するための財政的、技術的支援等を通じてより持続可能な消費・生産パターンへの移行に貢献しなければならない。

41. 我々は、小規模企業から多国籍企業、協同組合、市民社会組織や慈善団体等多岐にわたる民間部門が新アジェンダの実施における役割を有することを認知する。

2015年第70回国連総会で採択されました。

出典：000101402.pdf（mofa.go.jp）

SDGsの今

SDGs採択から8年経った現在、SDGsの進む方向を見ていきましょう。

1 SDGs中間年の世界

2023年、2015年から始まったSDGsの取り組み期間の半分は終わり、中間年を迎えている今、世界は歴史的な分水嶺に立ち、新たな挑戦に直面しています。新型コロナウイルスや気候変動に加え、ロシアによるウクライナ侵攻、食料やエネルギー安全保障などが相互に結びつき、多くの人の安全が脅かされており、まさに人間の安全保障の危機です。「誰一人取り残さない」世界の実現のため、SDGsの達成に向けた取り組みを加速化する必要があります。

国際的な研究組織「持続可能な開発ソリューション・ネットワーク」(SDSN) が世界各国のSDGsの達成度合いを評価した「Sustainable Development Report」(持続可能な開発報告書)の2023年版では、世界全体のSDGs達成度はコロナ禍の影響もあって2022年時点でも67%弱に留まっており、「17の目標を個別にみても、世界レベルで達成できると予測されるものは1つもない」と指摘されています。

一方で、報告書は「SDGsはまだ達成可能だ」とも強調しており、そのためには、官と民の両方がそれぞれ関与する形での大胆な投資が必要だとしています。2023年9月には国連加盟国がSDGs採択以来2回目のSDGsサミットを開き、SDGs達成に向けての優先事項を定義することになっており、国際社会のSDGsに対する注目が高まることが想定されます。

2 SDGs中間年の日本

　Sustainable Development Report 2023年版では、ランキングの上位25カ国のうち日本以外の24カ国は欧州の国々が占めており、日本のSDGs達成度は166カ国中21位でした。17目標のうち「深刻な課題がある」とされる目標は5つで、ジェンダーや環境の分野で課題を抱える状況が続いています。

　2023年5月、日本は、自由、民主主義、人権、法の支配といった基本的価値を共有するG7の議長国としてG7広島サミットをホストし、国際的な議論を牽引する役割を担いました。

　G7広島サミットでは、再生可能エネルギーなどのクリーンエネルギーへの移行を促進するための経済行動計画が発表されました。官民の投資環境の整備や**サプライチェーン**の強化で連携していくとしています。さらに、スタートアップや中小企業の重要性についても強調していて、G7各国では気候変動問題の解決に向けた貿易や投資を促進させていく方針です。

　経済産業省・中小企業庁は2023年6月、中小企業の成長を応援する5つの報告書とガイドラインを公表しました。コロナ禍からの回復や人口減少、DXなど構造的な変化が進む中で、日本が更なる成長を実現するには、中小企業の成長が重要と指摘し、伴走支援の強化など実現のための施策を提示しています。

2023年G7広島サミットでは、再生可能エネルギーへの移行を促進する経済行動計画を発表しました。

5 SDGs達成度ランキング（2023年）

順位	国名	点数
1	フィンランド	86.8
2	スウェーデン	86.0
3	デンマーク	85.7
4	ドイツ	83.4
5	オーストリア	82.3
6	フランス	82.0
7	ノルウェイ	82.0
8	チェコ共和国	81.9
9	ポーランド	81.8
10	エストニア	81.7
11	イギリス	81.7
12	クロアチア	81.5
13	スロヴェニア	81.0
14	ラトヴィア	80.7
15	スイス	80.5
16	スペイン	80.4
17	アイルランド	80.1
18	ポルトガル	80.0
19	ベルギー	79.5
20	オランダ	79.5
21	日本	79.4

日本は21位という
低い順位です。

出典：Sustainable Development Report 2023
2023-sustainable-development-report.pdf

SDGsと関連用語

SDGsの関連用語それぞれの意味、違いを理解し、SDGsへの取り組みに役立てましょう。

1 SDGsの関連用語

● SRI（Socially Responsible Investment）

社会的責任投資のことです。従来の財務的側面だけでなく、企業として社会的責任（社会的・倫理的側面など）を果たしているかといった状況も考慮して投資対象を選ぶことをいいます。古くは、米国でキリスト教の教会が資産運用を行う際に、タバコやアルコール、ギャンブルなどのキリスト教の教えに反する内容の業種を投資対象から外したことがSRIの始まりだといわれています。

● CSR（Corporate Social Responsibility）

自社と社会との協調を図り、企業価値を高めるための様々な活動を包含する幅広い概念です。ISO*（国際標準化機構）では、組織の決定および活動が社会および環境に及ぼす影響に対して、透明かつ倫理的な行動を通じて組織が担う責任と定義されています。

● ESG（Environmental, Social, and Governance）

環境、社会、企業統治の頭文字をとった略語です。環境、社会、企業統治の3つの面を考慮した企業活動を意味します。

● CSV（Creating Shared Value）

企業が事業を通じて社会的な課題を解決することで創出される社会価値（環境、社会へのポジティブな影響）と経済価値（事業利益、成長）を両立させる経営戦略の概念です。

---

* ISO International Organization for Standardization の略。

2 関連用語の関係性

　MDGs、SDGs には基準があり、目標やターゲットが決まっています。SRI、CSR、ESG、CSV は MDGs、SDGs といった目標を達成するための方法という位置づけです。

FIGURE 6　SDGsと関連用語の年表

1920年代〜
SRI：社会的責任投資
武器・ギャンブルなど
一部の企業にメス

1990年代後半〜
CSR：企業の社会的責任
企業は存在基盤である環境・社会を無視して
存続はできない

2001年〜
MDGs：ミレニアム開発目標
基本的には、寄付・ボランティアでの
課題解決達成目標

2006年〜
ESG：環境・社会・ガバナンス
企業が CSR 活動を重視しているのに資金の出し手である
投資家が無視していては CSR 目標の達成はできない

2011年〜
CSV：共通価値の創造
単なる慈善活動ではなく社会課題解決と
企業の利益を両立する必要がある

2015年9月〜
SDGs：持続可能な開発目標
CSV が生み出す社会課題を企業自身が見つけだすのは
困難なため、指標として誕生

2025年　Beyond SDGs

出典：SDGs（エスディージーズ）とは？– SDGs 専門ビジネススクール "Start SDGs"

中小企業のSDGs取り組み状況

中小企業のSDGsへの取り組み状況を見ていきましょう。

1 SDGsに取り組む中小企業の状況

　中小企業のSDGs推進に関する実態調査（2023年）では、SDGsの取り組み状況について、「現在すでに取り組んでいる」（14.0%）と「現在は取り組んでいないが、今後は取り組んでいく予定」（19.8%）の合計は33.8%でした。「現在は取り組んでおらず、今後も取り組む予定はない」は28.9%でした。SDGsの取り組み状況を従業員規模別にみると、従業員数が多い企業の方がSDGsに取り組んでいることが分かります。

2 SDGsの取り組みにおける中小企業の課題

　「現在すでに取り組んでいる」「現在は取り組んでいないが、今後は取り組む予定」の企業におけるSDGsの取り組みに向けた課題としては、「特に課題はない・わからない」（21.6%）を除くと、「取り組むための人員が不足している」の21.8%が最も多く、「SDGsや取り組み方法に関する情報が少ない」（21.5%）、「取り組むための資金が不足している」（19.1%）の順で続きます。一方、「現在は取り組んでおらず、今後も取り組んでいくか否かは未定」「現在は取り組んでおらず、今後も取り組む予定はない」企業では、「取り組むことによるメリットがわからない」（22.5%）が最も多く、次いで「何から取り組めばよいのかわからない」（18.9%）が続いており、中小企業のSDGsへの取り組みはまだ途上にあることが分かります。

SDGsの取り組みに向けた課題

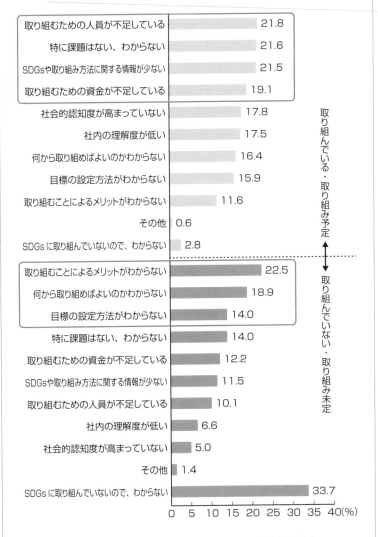

取り組んでいる・取り組み予定

課題	%
取り組むための人員が不足している	21.8
特に課題はない、わからない	21.6
SDGsや取り組み方法に関する情報が少ない	21.5
取り組むための資金が不足している	19.1
社会的認知度が高まっていない	17.8
社内の理解度が低い	17.5
何から取り組めばよいのかわからない	16.4
目標の設定方法がわからない	15.9
取り組むことによるメリットがわからない	11.6
その他	0.6
SDGsに取り組んでいないので、わからない	2.8

取り組んでいない・取り組み未定

課題	%
取り組むことによるメリットがわからない	22.5
何から取り組めばよいのかわからない	18.9
目標の設定方法がわからない	14.0
特に課題はない、わからない	14.0
取り組むための資金が不足している	12.2
SDGsや取り組み方法に関する情報が少ない	11.5
取り組むための人員が不足している	10.1
社内の理解度が低い	6.6
社会的認知度が高まっていない	5.0
その他	1.4
SDGsに取り組んでいないので、わからない	33.7

出典：(独) 中小企業基盤整備機構　中小企業の SDGs 推進に関する実態調査（2023年）
SDGsQuestionnairePoint_202303.pdf（smrj.go.jp）
中小企業アンケート調査 | 中小機構（smrj.go.jp）

SDGs取り組み効果

SDGsに取り組んだ企業が感じた効果について解説します。

CHAPTER

1

中小企業とSDGs

1 企業が力を入れているSDGs目標

企業が最も力を入れている SDGs 目標は目標8「働きがいも経済成長も」(31.4%) でした。同目標は、働き方改革などを含み、社内から取り組むことができる「**キャリアパス**に応じた研修」や「従業員の健康保持・増進」などといった取り組み方があり、企業にとって取り組みやすい目標であると考えられます。

次いで、**リサイクル活動**や**エコ商品**の生産・使用などを含む目標12「つくる責任つかう責任」(22.9%)、再生可能エネルギーの利用などを含む目標7「エネルギーをみんなにそしてクリーンに」(22.5%)、および CO_2 排出量の少ない原材料の使用などを含む目標13「気候変動に具体的な対策を」(21.1%) と続きました。

2 SDGs取り組み効果

SDGs に取り組む企業の66.5%が SDGs への取り組みによる効果を実感しています。具体的には、「企業イメージの向上」が37.2%でトップ、人材の定着率の向上に繋がり得る「従業員のモチベーションの向上」(31.4%) と続き、企業の見られ方に関する効果が上位に並んでいます。次いで「経営方針などの明確化」(17.8%)、「採用活動におけるプラスの効果」(14.0%)、「取引の拡大 (新規開拓含む)」(12.3%) が続きます。また、SDGs への取り組みが「売り上げの増加」に繋がった企業は11.1%となりまし

た。慈善活動だと思われがちなSDGsをビジネスチャンスとして
捉え、売り上げ向上に繋げた企業も出てきています。

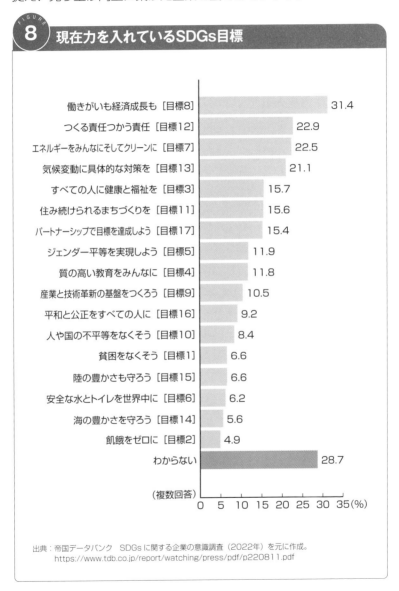

FIGURE 8 現在力を入れているSDGs目標

目標	%
働きがいも経済成長も [目標8]	31.4
つくる責任つかう責任 [目標12]	22.9
エネルギーをみんなにそしてクリーンに [目標7]	22.5
気候変動に具体的な対策を [目標13]	21.1
すべての人に健康と福祉を [目標3]	15.7
住み続けられるまちづくりを [目標11]	15.6
パートナーシップで目標を達成しよう [目標17]	15.4
ジェンダー平等を実現しよう [目標5]	11.9
質の高い教育をみんなに [目標4]	11.8
産業と技術革新の基盤をつくろう [目標9]	10.5
平和と公正をすべての人に [目標16]	9.2
人や国の不平等をなくそう [目標10]	8.4
貧困をなくそう [目標1]	6.6
陸の豊かさも守ろう [目標15]	6.6
安全な水とトイレを世界中に [目標6]	6.2
海の豊かさを守ろう [目標14]	5.6
飢餓をゼロに [目標2]	4.9
わからない	28.7

（複数回答）

0　5　10　15　20　25　30　35(%)

出典：帝国データバンク　SDGsに関する企業の意識調査（2022年）を元に作成。
https://www.tdb.co.jp/report/watching/press/pdf/p220811.pdf

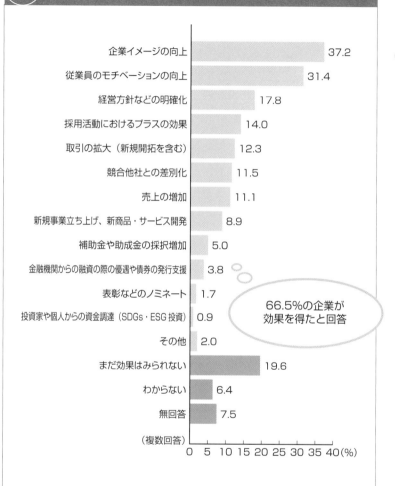

FIGURE 9　SDGs取り組み効果

項目	%
企業イメージの向上	37.2
従業員のモチベーションの向上	31.4
経営方針などの明確化	17.8
採用活動におけるプラスの効果	14.0
取引の拡大（新規開拓を含む）	12.3
競合他社との差別化	11.5
売上の増加	11.1
新規事業立ち上げ、新商品・サービス開発	8.9
補助金や助成金の採択増加	5.0
金融機関からの融資の際の優遇や債券の発行支援	3.8
表彰などのノミネート	1.7
投資家や個人からの資金調達（SDGs・ESG投資）	0.9
その他	2.0
まだ効果はみられない	19.6
わからない	6.4
無回答	7.5

（複数回答）

0 5 10 15 20 25 30 35 40(%)

66.5%の企業が
効果を得たと回答

※母数は「現在力を入れている項目」のうち17の目標（項目）の
いずれかを選択した企業 8,080 社

出典：帝国データバンク　SDGsに関する企業の意識調査（2022年）を元に作成。
https://www.tdb.co.jp/report/watching/press/pdf/p220811.pdf

人材確保
（SDGsと企業成長①）

SDGsの取り組みと企業成長の関連性を人材確保の観点から見ていきましょう。

1 SDGsと学校教育

　学校教育の場でも **ESD** ＊（持続可能な開発のための教育）として、気候変動、生物多様性の喪失、資源の枯渇、貧困の拡大など、人類の開発活動に起因する様々な現代社会の問題を自らの問題として主体的に捉え、人類が将来の世代にわたり恵み豊かな生活を確保できるよう、身近なところから取り組む（think globally, act locally）ことで、問題の解決に繋がる新たな価値観や行動などの変容をもたらし、持続可能な社会を実現していくことを目指して行う学習·教育活動を行っています。

　また、教育に関するもう一つの流れとして **STEAM** ＊ **（スティーム）教育** があります。STEAM とは、Science（科学）、Technology（技術）、Engineering（工学）、Mathematics（数学）の4分野にまたがる理数教育に、Art（芸術、文化、生活、経済、法律、政治、倫理など）を加えたもので、STEAM 教育とは、各教科などでの学習を実社会での問題発見·解決に活かしていくための教科横断的な教育活動を意味します。

＊ **ESD**　Education for Sustainable Development の略。
＊ **STEAM**　Science、Technology、Engineering、Art、Mathematics の頭文字をとった語。

教育が変われば思考、行動特性が変わります。これまでのような正解がある社会で生きる力ではなく、これからは正解が無い様々な社会課題に対し、他者と協働しながら新たな価値を生み出して、解決していくための力が求められています。

2 就職先の選定

2023年に卒業する就活生のSDGs認知度に関して調査を行ったところ、「内容を詳しく説明できる」（14.2%）と「内容をある程度知っている」（58.9%）の合計が73.1%でした。就職先企業を選ぶ上で重視する点に、「SDGsに対する姿勢や取り組み」が24.5%となっています。

FIGURE 10 ESDの基本的な考え方

出典：文部科学省（mext.go.jp）
持続可能な開発のための教育（ESD：Education for Sustainable Development）を元に作成

3 社会貢献意識

　内閣府の「社会意識に関する世論調査」によると「何か社会のために役に立ちたい」という想いを持つ人々が増えています。

　2022年に行われた最新の調査では「社会の役に立ちたい」と思っている人が64.3%を占めています。その中でも「自分の職業を通して」社会のために役立ちたいと思っている人の割合が41.1%と最も高く、人材確保の観点からも、企業活動においてSDGsの取り組みの必要性が読み取れます。

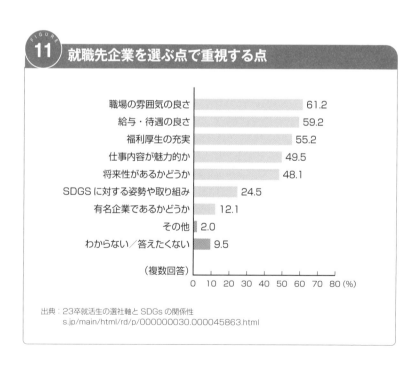

FIGURE **11** 就職先企業を選ぶ点で重視する点

項目	%
職場の雰囲気の良さ	61.2
給与・待遇の良さ	59.2
福利厚生の充実	55.2
仕事内容が魅力的か	49.5
将来性があるかどうか	48.1
SDGSに対する姿勢や取り組み	24.5
有名企業であるかどうか	12.1
その他	2.0
わからない／答えたくない	9.5

（複数回答）

0　10　20　30　40　50　60　70　80 (%)

出典：23卒就活生の選社軸とSDGsの関係性
s.jp/main/html/rd/p/000000030.000045863.html

FIGURE 12 社会への貢献内容

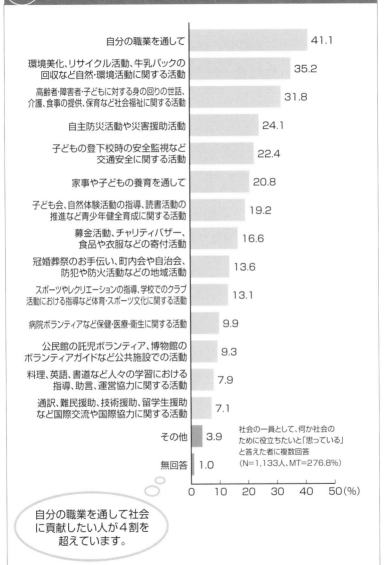

項目	%
自分の職業を通して	41.1
環境美化、リサイクル活動、牛乳パックの回収など自然・環境活動に関する活動	35.2
高齢者・障害者・子どもに対する身の回りの世話、介護、食事の提供、保育など社会福祉に関する活動	31.8
自主防災活動や災害援助活動	24.1
子どもの登下校時の安全監視など交通安全に関する活動	22.4
家事や子どもの養育を通して	20.8
子ども会、自然体験活動の指導、読書活動の推進など青少年健全育成に関する活動	19.2
募金活動、チャリティバザー、食品や衣服などの寄付活動	16.6
冠婚葬祭のお手伝い、町内会や自治会、防犯や防火活動などの地域活動	13.6
スポーツやレクリエーションの指導、学校でのクラブ活動における指導など体育・スポーツ文化に関する活動	13.1
病院ボランティアなど保健・医療・衛生に関する活動	9.9
公民館の託児ボランティア、博物館のボランティアガイドなど公共施設での活動	9.3
料理、英語、書道など人々の学習における指導、助言、運営協力に関する活動	7.9
通訳、難民援助、技術援助、留学生援助など国際交流や国際協力に関する活動	7.1
その他	3.9
無回答	1.0

社会の一員として、何か社会のために役立ちたいと「思っている」と答えた者に複数回答
（N=1,133人、MT=276.8%）

0　10　20　30　40　50(%)

自分の職業を通して社会に貢献したい人が4割を超えています。

出典：内閣府　社会意識に関する世論調査（令和4年12月調査）
社会意識に関する世論調査（令和4年12月調査）調査結果の概要−内閣府（gov-online.go.jp）

投資対象／事業機会創出 （SDGsと企業成長②）

SDGsの取り組みと企業成長の関連性を投資対象と事業機会創出の観点から見ていきましょう。

1 ESG投資

投資家の中では **ESG投資** が注目されています。ESG投資とは経済的リターンを得ることを前提とした、財務情報以外にも多様に存在するESG要素を考慮する投資手法です。ESG投資の始まりは、2006年に国連が公表した **PRI** * （責任投資原則）です。PRIでは、ESGという要素の他、投資家が責任ある投資を行うための6原則が提唱されました。PRIへの署名は、これからの投資行動にESG要素を反映していく意思を明確にすることを意味しています。

従来は企業の売上や利益など財務情報が主な判断材料とされていましたが、ESG投資では、事業を行う上で環境保護に配慮しているか、地域社会に貢献しているか、安心して働ける労働環境を整えているかといった基準も合わせて企業を評価します。欧州や米国などでは早くからESGの取り組みが推進され、2020年時点で世界のESG投資額は35兆3,010億ドル（約4,700兆円）という規模となっています。SDGsの目標達成に貢献することは、ESG投資の観点からも市場の評価を獲得するために重要な要素です。

2 SDGsの経済価値

2017年1月世界経済フォーラム（**ダボス会議**）のレポートである "Better Business Better World" では、SDGsが2030年に達

---

* **PRI**　Principles for Responsible Investment の略。

成された場合、世界で12兆ドル（約1,600兆円）以上の経済価値が生まれると想定されています。企業として世界的な社会課題の解決であるSDGsに積極的に取り組んでいくことは、地球規模のマーケットを取り込める可能性があることを示しています。

FIGURE 13 **ESGとは**

Environment
環境
・地球温暖化対策
・生物多様性への配慮
・再生化エネルギーの活用など

ESG

Social
社会
・ダイバーシティ
・人種の尊重
・地域社会への貢献など

Governance
企業統治
・積極的な情報開示
・公正な取引
・経営陣の多様性など

出典：SDGsとは　17の目標と日本の現状、身近な取り組み事例をわかりやすく解説：
【SDGsACTION!】朝日新聞デジタル（asahi.com）

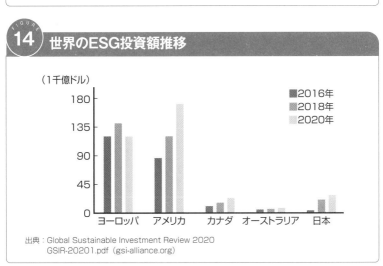

FIGURE 14 **世界のESG投資額推移**

（1千億ドル）

■2016年
■2018年
■2020年

180

135

90

45

0

ヨーロッパ　　アメリカ　　カナダ　オーストラリア　　日本

出典：Global Sustainable Investment Review 2020
GSIR-20201.pdf（gsi-alliance.org）

企業におけるSDGs実践の難しさ

ここでは、企業におけるSDGs実践の難しさについて、2つの観点から考えていきます。

1 SDGsとビジネス活動の結合

これまでは環境生態系、グローバル社会といったマクロの議論から企業行動、ビジネス活動のあり方といったミクロの問題が、一緒に議論されていました。

SDGsのような広くて深い課題に対応するには、市場や社会のニーズから考え直し、多様な観点をうまく活用することが求められますが、事業を多角化させても管理しきれない問題が発生します。

持続可能な発展のマクロなあるべき状態と、それに貢献する企業のミクロでの具体的なビジネス活動のあり方を創造し、実践の中で結合すること、これが難しさの一つです。

2 社会性と経済性の同時最適化

企業にとってのSDGsの実践とは、脱炭素と収益性、健康経営の展開と福利厚生費用の削減、幸福度の向上と生産性の向上など、社会性と経済性の同時最適化を意味します。企業には、これまでの二者択一（片方を犠牲にする）ではなく、社会、環境への優しさと経済性を同時最適化する複合的なアプローチが求められます。

経済的価値を追求する社会では、経済合理性曲線の内側の社会課題しか解決できないというジレンマが存在（＝それを突破できる企業は価値を創出できる）しており、これがもう一つの難しさです。

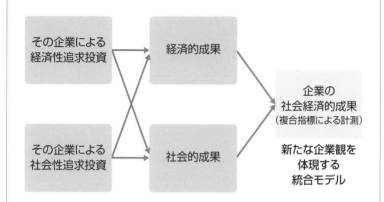

FIGURE 15 社会性と経済性の同時最適化

その企業による
経済性追求投資 → 経済的成果

その企業による
社会性追求投資 → 社会的成果

企業の
社会経済的成果
（複合指標による計測）

新たな企業観を
体現する
統合モデル

出典：CSV（共有価値の創造）が実現する競争力と社会課題解決の両立【第2回】CSVは持続的優位性を築く－ Executive Foresight Online：日立（hitachi.co.jp）

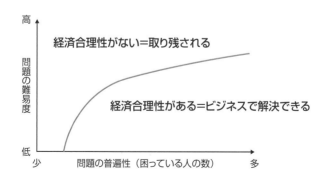

FIGURE 16 経済合理性曲線

高 ↑

問題の難易度

経済合理性がない＝取り残される

経済合理性がある＝ビジネスで解決できる

低

少　　問題の普遍性（困っている人の数）　　多

出典：【要約まとめ】ビジネスの未来－エコノミーにヒューマニズムを取り戻す｜子育て主婦の本せどりブログ（livemylife-sidejob.com）

SDGsの引力性

　SDGsには不思議な力があります。SDGsには人や組織を結びつける引力性があります。その理由は、SDGsに対するアプローチの多様さ、包括する範囲の広さです。

　SDGsに取り組むのは政府、国際機関、企業、その他の非政府主体や個人、すべての人です。政府は外務省を中心とし、関係機関と共に国内実施と国際協力の両面で取り組んでいます。NGO＊（非政府組織）やNPO＊（非営利組織）は国や民族、宗教の壁を超えた立場から、貧困や飢餓、環境などの問題に対して社会的な活動を行っています。また個人的に関心を持ち、個人で取り組んでいる人も多くいます。例えば、環境に配慮した製品を購入するという消費行動一つを取っても、それはSDGsへの貢献です。

　SDGsを意識して生活していると、SDGsの引力を日々感じます。本書の執筆をカフェで行っていた時、「当社の珈琲は**レインフォレスト・アライアンス認証**農園産珈琲豆を使用しています」とコースターに記載されていました（認証制度についてはCHAPTER 2に記載しています）。バーベキューをした時、食べ残しが出ないようにと残ったものを食べてくれた人にお礼を伝えると、その人がSDGsに関心があることが分かり、SDGsの話をしました。一人で大衆居酒屋に行った時、SDGsのストラップを付けている人の隣に座り、SDGsについて話しました。その他ホテルに宿泊した時の話はCHAPTER 7でお話しします。このように私自身もSDGsを共通言語にして、本書の執筆や取材を通し、様々な方と出会い、機会を得て、こうして今、読者の方にも出会えています。

　本書はビジネスを通した社会課題の解決によりSDGsを実践しようとする中小企業の経営者、社員向けの本でありますが、企業のみならず、様々な人や組織との引力性を感じられる内容になっています。

　この後に続く本書の中でも、様々な引力のヒントが散りばめられていますので、ぜひご期待ください。

＊ **NGO**　Non-Governmental Organization の略。
＊ **NPO**　Non-Profit Organization の略。

SDGs実践ステップ

CHAPTER 1では、SDGsの内容、取り組み状況について
お伝えしました。このCHAPTERでは、実際にどのように
SDGsに取り組めばよいのか、具体的な手順に基づき、詳し
く解説していきます。体制の構築や自社分析、課題や目標の
設定について、具体的な手順を紹介していきます。

SDGsのための体制構築

SDGsのためのチームビルディングをしましょう。

1 経営陣の役割

　経営陣には、自社が掲げてきた経営理念やビジョンがSDGsの目的と一致することを確認し、それを自身の言葉で社員および外部に発信することが求められます。SDGsの取り組みには必ず社員を巻き込みましょう。SDGsへの取り組みは、未来に続く会社を作る活動です。

2 推進体制

　中小企業がSDGsを推進するにあたり、専任部署・チームの創設は必須ではありません。会社の組織風土によっても異なります。SDGsをしっかりと実装するのであれば、組織はあった方が良いです。

　SDGsに取り組むのは社員全員のため、組織の役割は施策立案や達成状況の評価、社員全員に協力してもらうための事務局機能を担うことです。SDGsは経営課題であるため、経営者にできるだけ近い組織となることが望ましいです。経営に近い組織であっても、社員のあらゆる面を出来る限り網羅できる部署・チームを作りましょう。部署、年齢、経験、職位、性別など様々な社員で構成します。異なった視点を持ったメンバーで構成することにより、新規の発想を生み出し、多種多様な社員が主体的に関われるようにすることがカギとなります。

3 チームメンバーへのアプローチ

チームメンバーにはSDGs推進チームの一員としてどのような業務を与えているのか明示しましょう。特に社内での普及啓発、社外の自治体や企業との活動など、対外的な活動への対応の重要さを伝えます。チームメンバーとはこの後紹介するSDGs取り組みステップを一緒に行うのが望ましいです。

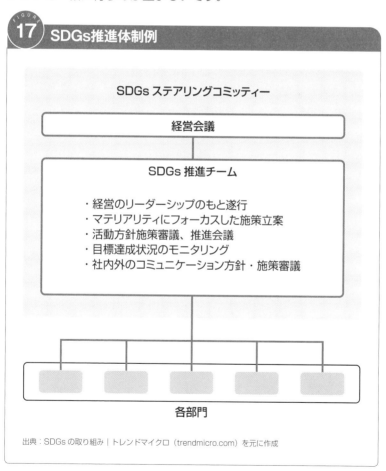

FIGURE 17 SDGs推進体制例

SDGs ステアリングコミッティー

経営会議

SDGs 推進チーム

・経営のリーダーシップのもと遂行
・マテリアリティにフォーカスした施策立案
・活動方針施策審議、推進会議
・目標達成状況のモニタリング
・社内外のコミュニケーション方針・施策審議

各部門

出典：SDGsの取り組み｜トレンドマイクロ（trendmicro.com）を元に作成

自社分析
——SDGsと自社との親和性

自社事業を分析していく方法について解説します。

1 自社事業の分析

　自社事業と SDGs の親和性を見てみましょう。SDGs は自社事業を棚卸する機能を持っています。経営理念やビジョンに則り、自社が社会の中で果たす使命は何か、そして何を実現しようとするのかという原点に立ち返り、SDGs という違った視点から見ることで、自社事業が貢献しうる SDGs のターゲットを見つけていきます。

　環境省が公表している「SDGs との紐づけ早見表」では、各分野毎の取り組みが SDGs のどの目標に貢献するのかを整理し、各目標との紐づけができます。

2 自社課題の洗い出し

　自社の強みを生かせる分野、事業リスクを減らすために必要な事項を抽出するため、自社のバリューチェーンの各工程を分析対象として、この中で発生する正と負の影響を洗い出します。この手順を**バリューチェーンマッピング**と呼びます。マッピング（関連付け）ができたら、各影響が SDGs のどの目標・ターゲットに関連しているか記入していきます。

　正の影響を与える取り組みは、新しい価値を創造するものとして、負の影響を減らす取り組みはリスクを軽減するものとして、ビジネスの発展に繋がることが多いと考えられています。

18 SDGsの取り組み診断（自社課題洗い出し参考用）

「3：よく取り組めている」「2：取り組めている」「1：あまり取り組めていない」の3段階

SDGs	内容	質問	取り組み度
1	貧困を なくそう	①事業内容は、貧困問題の解消に関わっている。	○3 ○2 ○1
		②社会貢献活動として、貧困問題を解消する取り組みを行っている。	○3 ○2 ○1
2	飢餓を ゼロに	①事業内容は、飢餓問題の解消に関わっている。	○3 ○2 ○1
		②社会貢献活動として、飢餓問題を解消する取り組みを行っている。	○3 ○2 ○1
		③子ども、妊婦、高齢者の栄養摂取を支援する取り組みを行っている。	○3 ○2 ○1
		④農業生産者や所得の向上に役立つ取り組みをしている。	○3 ○2 ○1
		⑤食料の輸出入など広く流通させる活動をしている。	○3 ○2 ○1
3	すべての人 に健康と 福祉を	①事業内容は、健康や福祉に関わっている。	○3 ○2 ○1
		②社会貢献活動として、健康や福祉の問題解決に取り組んでいる。	○3 ○2 ○1
		③交通事故などの死傷者軽減に役立つ取り組みを行っている。	○3 ○2 ○1
		④薬物乱用やアルコールの有害摂取を防止する取り組みを行っている。	○3 ○2 ○1
		⑤感染症予防に対して適切な措置を取っている。	○3 ○2 ○1
4	質の高い 教育を みんなに	①事業内容は、教育の振興や生涯学習の推進に関わっている。	○3 ○2 ○1
		②社会貢献活動として、教育の振興や生涯学習の推進に取り組んでいる。	○3 ○2 ○1
		③階層別や職種別など従業員教育を計画的に実施している。	○3 ○2 ○1
5	ジェンダー 平等を実現 しよう	①事業内容は、男女平等の推進や女性の能力強化に関わっている。	○3 ○2 ○1

SDGs	内容	質問	取り組み度
5	ジェンダー平等を実現しよう	②社会貢献活動として、男女平等の推進や女性の能力強化に取り組んでいる。	○3 ○2 ○1
		③女性の採用比率を高める計画を立て、対策に取り組んでいる。	○3 ○2 ○1
		④女性の管理職や役員の比率を高める計画を立て、対策に取り組んでいる。	○3 ○2 ○1
		⑤女性の能力強化促進のため、ICTをはじめとする実現技術の活用を強化している。	○3 ○2 ○1
		⑥出産・育児に関する子育て支援が充実しており、支援制度の利用率も高い。	○3 ○2 ○1
		⑦育児や介護、家事労働への男性参加を推進している。	○3 ○2 ○1
6	安全な水とトイレを世界中に	①事業内容は、水や衛生問題の解決に関わっている。	○3 ○2 ○1
		②社会貢献活動として、水資源の保全に取り組んでいる。	○3 ○2 ○1
		③節水を計画的に行っている。	○3 ○2 ○1
		④水質汚染防止のため、計画的に適切な排水処理を行っている。	○3 ○2 ○1
7	エネルギーをみんなにそしてクリーンに	①事業内容は、環境負荷の低いクリーンエネルギーの活用に関わっている。	○3 ○2 ○1
		②社会貢献活動として、クリーンエネルギーの普及などに取り組んでいる。	○3 ○2 ○1
		③エネルギーの効率化や省エネ対策に取り組んでいる。	○3 ○2 ○1
		④再生可能エネルギーなど、環境負荷の低いクリーンエネルギーを利用している。	○3 ○2 ○1
8	働きがいも経済成長も	①事業内容は、経済成長や雇用創出、働きがいのある職場の実現に関わっている。	○3 ○2 ○1
		②若者や障がい者を含む男性及び女性の同一労働同一賃金の実現に取り組んでいる。	○3 ○2 ○1
		③経済生産性を向上すべく、業務の改善や見直しに取り組んでいる。	○3 ○2 ○1
		④若年層や高齢者の雇用推進に取り組んでいる。	○3 ○2 ○1

SDGs	内容	質問	取り組み度
8	働きがいも経済成長も	⑤社業を拡大して人員採用を増やし、雇用機会の創出に取り組んでいる。	○3 ○2 ○1
		⑥過度な時間外労働がない、有給休暇の消化率が高いなど、働きやすい職場環境を提供している。	○3 ○2 ○1
		⑦安全かつ衛生的に仕事ができる体制や対策づくりに取り組んでいる。	○3 ○2 ○1
		⑧セクハラやパワハラなどの防止に取り組んでいる。	○3 ○2 ○1
9	産業と技術革新の基盤をつくろう	①事業内容は、国内外を問わず、産業化の促進に役立っている。	○3 ○2 ○1
		②産業分野における科学研究の促進や技術能力向上に取り組んでいる。	○3 ○2 ○1
		③資源利用効率の向上や環境に配慮した技術などの導入拡大を図っている。	○3 ○2 ○1
		④研究開発を重視し、イノベーションを創出すべく計画的に予算を支出している。	○3 ○2 ○1
		⑤研究開発部門の人的増強を図っている。	○3 ○2 ○1
10	人や国の不平等をなくそう	①事業内容は、不平等の解消に関わっている。	○3 ○2 ○1
		②社会貢献活動として、不平等の解消に取り組んでいる。	○3 ○2 ○1
		③採用時に年齢、性別、障がい、学歴、人種、国籍、宗教などで差別を行っていない。	○3 ○2 ○1
		④外国人労働者に適切な労働条件や環境を提供している。	○3 ○2 ○1
11	住み続けられるまちづくりを	①事業内容は、持続可能な都市や再開発、住宅の提供などに関わっている。	○3 ○2 ○1
		②社会貢献活動として、地域の自然環境保護及び保全活動をしている。	○3 ○2 ○1
		③大気汚染物質の排出量削減など大気汚染の防止に取り組んでいる。	○3 ○2 ○1
		④社員に防災グッズを配布するなど防災対策を行っている。	○3 ○2 ○1

SDGs	内容	質問	取り組み度
12	つくる責任 つかう責任	①事業内容は、食品廃棄物の肥料化など資源の再利用や廃棄物の削減に関わっている。	○3 ○2 ○1
		②社会貢献活動として、資源の再利用や廃棄物の削減に取り組んでいる。	○3 ○2 ○1
		③資源の再利用を推進するとともに、廃棄物の削減に取り組んでいる。	○3 ○2 ○1
		④パッケージを簡易にするなど、省資源に取り組んでいる。	○3 ○2 ○1
		⑤人や環境への悪影響を最小化すべく、化学物質の廃棄削減に取り組んでいる。	○3 ○2 ○1
		⑥グリーン調達（環境負荷が小さい商品を優先する）を行っている。	○3 ○2 ○1
13	気候変動に具体的な対策を	①事業内容は、気候関連災害や自然災害へのリスク軽減に関わっている。	○3 ○2 ○1
		②社会貢献活動として、気候変動リスクに対する啓発などに取り組んでいる。	○3 ○2 ○1
		③温室効果ガス（二酸化炭素、メタン、フロン）排出の削減計画を立て、対策に取り組んでいる。	○3 ○2 ○1
		④環境に関する従業員教育を行っている。	○3 ○2 ○1
14	海の豊かさを守ろう	①事業内容は、海洋資源の保全や海洋汚染の改善に関わっている。	○3 ○2 ○1
		②社会貢献活動として、海洋資源の保全や海洋汚染の改善に取り組んでいる。	○3 ○2 ○1
15	陸の豊かさも守ろう	①事業内容は、森林、湿地、山地、乾燥地の保全や回復などに関わっている。	○3 ○2 ○1
		②社会貢献活動として、森林、湿地、山地、乾燥地の保全や回復などに取り組んでいる。	○3 ○2 ○1
		③FSC認証品や再生紙など環境に配慮した製品を優先的に採用している。	○3 ○2 ○1
16	平和と公正をすべての人に	①事業内容は、暴力や犯罪の撲滅や秩序ある社会の実現に関わっている。	○3 ○2 ○1
		②社会貢献活動として、暴力や犯罪の減少などに協力をしている。	○3 ○2 ○1

SDGs	内容	質問	取り組み度
16	平和と公正をすべての人に	③贈賄を戒め、公正な取引を行うよう体制を整えている。	○3 ○2 ○1
		④暴力行為を禁止し、再発防止策も設けている。	○3 ○2 ○1
		⑤反社会的勢力との関わりを持っていない。	○3 ○2 ○1
17	パートナーシップで目標を達成しよう	①事業内容は、産官学連携など他者との連携を推進することに関わっている。	○3 ○2 ○1
		②様々な企業や公的機関、大学などと良好な協力関係を構築している。	○3 ○2 ○1
		③地域社会と良好な協力関係を構築している。	○3 ○2 ○1

出典：大阪商工会議所　SDGs診断チェック｜大阪商工会議所（cci.or.jp）を元に作成

19 SDGsとの紐づけ早見表

環境省が公表しているSDGs活用ガイドです。ダウンロードして使ってみて下さい。

民間企業がSDGsを取り入れる際、経営者から担当者までの幅広い関係者が参考にできる内容です。

20 バリューチェーンマッピング

自社の課題の洗い出しに使います。参考にしてみて下さい。

優先課題を決定する

ここでは、優先課題の分析と決定について解説していきたいと思います。

1 優先課題の分析

自社の製品・商品やサービスが顧客や社会に受け入れられるためには、顧客や社会が直面している課題を解決するものを提供しなければなりません。そのため、優先課題の分析では、自社にとっての経営面での重要性と、顧客や社会から見た重要性を考える必要があります。

優先課題分析にあたっては、**バリュー・プロポジション**分析が活用できます。バリュー・プロポジションとは、自社が製品を通して顧客に提供する価値を指し、顧客への提供価値が、顧客の求めるものに対してどのようにフィットするのかを分析します。

顧客や社会に求められていることを感じ、長期的な収益性のある事業へと発展させることが本来のビジネスの姿です。

2 優先課題の決定

自社のSDGs推進活動で優先的に取り組む課題（**マテリアリティ**）を決めます。課題の分析を通し、自社事業と**ステークホルダー**両方にとって重要度の高い項目が優先課題となります。

このように企業として、どのSDGs目標の達成に効果的に貢献できるかを見極めると同時に、自社・ステークホルダーおよび将来の社会・環境・経済状況を考慮に入れて、優先課題を決定します。

21 バリュー・プロポジション・キャンバス

例：サブスクリプションサービス

顧客への提供価値：
映画・ドラマ見放題

顧客対象：
映画好きなインターネットユーザー

顧客の利益をもたらすもの	顧客の利得
製品やサービス	顧客の解決したい課題
顧客の悩みを取り除くもの	顧客の悩み

出典：自社製品を分析する「バリュー・プロポジション」とは？キャンバスの活用法と事例も紹介！｜専門家による調査コラム｜アンケート・定性調査なら株式会社クエスト（Quest）（quest-research.co.jp）

22 マテリアリティ・マトリックス

ステークホルダーにとっての重要度 →

気候変動・地球温暖化

人権

持続可能かつ
レジリエントな
インフラ開発

健康と福祉

多様性・働き方
生産消費形態

文化の保存・継承

少子化・高齢化社会

贈収賄

生物多様性・資源の保護

自社にとっての重要度 →

出典：イオンモール株式会社　イオンモールのマテリアリティ｜イオンモール（aeonmall.com）

SDGsの目標を設定する

ここでは、SDGsの目標設定について解説していきたいと思います。

1 目標設定

　将来のありたい姿や何が必要かを企業の外部者視点（**アウトサイド・イン**）から検討し、それに基づいて目標を設定すること（**アウトサイド・イン・アプローチ**）で、現状の達成度と将来求められる達成度のギャップを埋めていくことができます。アウトサイド・インでは、顧客の求める価値、社会課題の解決、環境問題への対応などを検討します。ただし、外部の視点に囚われすぎず、社員や職場など、内部にいる人の視点も常に忘れないようにしましょう。

　成果の評価指標として **KPI** ＊（重要業績評価指標）を設定します。KPI を示すことで、企業として、社会的・環境的・経済的な持続可能性に対するコミットメントを示すことができます。できるだけ定量的な指標とする方が、達成の進捗度合いが明確で分かりやすいです。また、活動の影響や結果に直接結びつく指標であることが求められます。課題分析の際と同様に、社会へ正の影響を与えるもの、または負の影響を減らすものの視点で捉えると、分かりやすくなります。

　初めて SDGs に取り組む場合、目標達成可能であることを意識します。目標達成が社員の充実感、モチベーションに繋がり、次の SDGs の取り組みの足がかりとなります。複数の目標を設定するのであればチャレンジングなものもあると良いです。SDGs に取り組

＊ **KPI**　Key Performance Indicator の略。

んでいるように見えて実態が伴わないことを **SDGs ウォッシュ**と呼びます。せっかく SDGs に貢献しようとしている中、企業にとって逆にマイナスイメージが広まり、ブランディングに傷がつくことがないよう、SDGs ウォッシュにならない目標を設定しましょう。

2 実施計画

SDGs 実施計画表を作成し、取り組み内容を5W1H（When：いつ、Where：どこで、Who：誰が、What：何を、Why：なぜ、How：どのように）で明確にしていきます。活動期間の設定は目標毎に異なりますが、1年間の場合、実施スケジュールを各月毎に記入し、実施計画を可視化します。

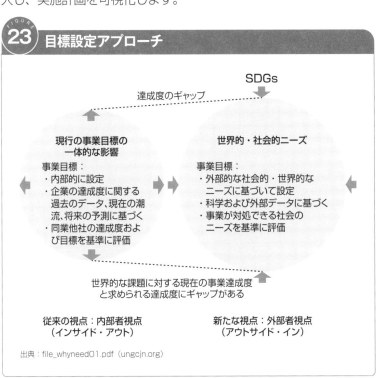

FIGURE 23 目標設定アプローチ

SDGs

達成度のギャップ

現行の事業目標の一体的な影響

事業目標：
・内部的に設定
・企業の達成度に関する過去のデータ、現在の潮流、将来の予測に基づく
・同業他社の達成度および目標を基準に評価

世界的・社会的ニーズ

事業目標：
・外部的な社会的・世界的なニーズに基づいて設定
・科学および外部データに基づく
・事業が対処できる社会のニーズを基準に評価

世界的な課題に対する現在の事業達成度と求められる達成度にギャップがある

従来の視点：内部者視点
（インサイド・アウト）

新たな視点：外部者視点
（アウトサイド・イン）

出典：file_whyneed01.pdf（ungcjn.org）

SDGs宣言とSDGsの実行

いよいよSDGsを始めましょう。ここでは、SDGs宣言について詳しく説明していきましょう。

1 SDGs宣言

SDGs宣言により、自社のSDGs達成に向けた取り組みや基本的な考え方を社内外に表明しましょう。宣言で最も重要なのは、経営者のリーダーシップを社内外に示すことです。そのため、経営者によるコミットメントとその覚悟の発信が大切です。SDGsに取り組むとどのような効果があるか、業界ではどこが進んでいるか、自社で取り組まなければどう出遅れるか、業界から淘汰されるのかなど、実益と絡めて説明します。SDGsの取り組みには、長期にわたる経営の根幹に関わる横断部門的な対応も求められるため、社内の雰囲気づくりがとても大切です。社内教育や社内表彰制度を取り入れられるとなお良いです。

2 SDGs宣言書

SDGs宣言書を作ることで、企業としてどのようなSDGsに取り組んでいくかを社内外に示すことができます。特に社内での意思統一や社員のモチベーション、働きがい向上の効果も期待できます。社員の理解と納得を深めながら、社員がSDGsに前向きに取り組めることが必要です。SDGsのロゴや目標のアイコンは、商業用途および資金調達以外の用途であれば、誰でも使用できますが、色や書式の変更、加工は禁止されています。企業単独で宣言書を作成する場合は、SDGsのロゴやアイコンの使用ルールに注意しましょう。

6 自己評価の方法

SDGsの取り組みの際には、随時振り返ることが大切です。ここでは自己評価について解説します。

1 進捗確認と評価

SDGs の取り組みが成果を上げるためには、計画通りに実行できているかの進捗確認が必要です。当初の計画が計画通りに進まないこともあります。取り組みを開始してから見えてくる課題や直面する問題は避けられません。定期的に計画と進捗を振り返り、記録しましょう。進捗を鑑み先の計画を見直したり、時には目標の変更が必要になる場合もあります。取り組みの記録は後からの振り返りや次の活動にも役立ちます。

次に、記録を元に目標に対する達成度を評価します。**自己評価**は、KPI に基づきできるだけ定量化します。評価結果に対し、なぜ良い成果が得られたのか、成功要因は何か、なぜ期待以下だったのか、阻害要因は何だったのか、結果の理由まで分析することで、次の成果へ繋がります。できたこと、できなかったこと、隘路事項、そして今後の取り組みのアクションプランも入れましょう。

この進捗確認と評価こそが SDGs の取り組みを形骸化させないために重要です。

PDCAサイクルというものをご存じの方も多いと思います。SDGsにおいても、計画から実行、評価、見直しを何度も繰り返す必要があります。評価と成果の解釈を繰り返すことで、これまでの取り組みの妥当性や改善点を検討します。

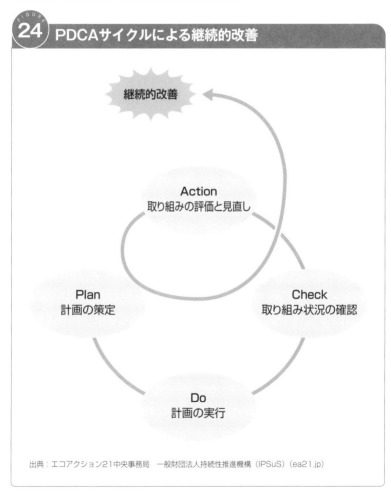

FIGURE 24 PDCAサイクルによる継続的改善

継続的改善

Action
取り組みの評価と見直し

Plan
計画の策定

Check
取り組み状況の確認

Do
計画の実行

出典：エコアクション21中央事務局　一般財団法人持続性推進機構（IPSuS）（ea21.jp）

他者評価の重要性

取り組みの際には随時振り返ることが大切です。ここでは他者評価について解説します。現在、国や国連によるSDGsの評価、登録、認証制度はありませんが、各種の関連評価制度を解説します。

1 **SDGs関連表彰制度**

ジャパンSDGsアワードは、企業や団体などにおけるSDGsの取り組みを後押しする観点から、外務省が主催となりSDGs達成に資する優れた取り組みを行っている企業・団体などをSDGs推進本部として表彰するもので、NGO・NPO、有識者、民間セクター、国際機関などの広範な関係者が集まるSDGs推進円卓会議構成員から成る選考委員会の意見を踏まえて決定されます。2017年以降、全6回の表彰が行われました（2023年7月時点）。

2023年3月の第6回ジャパンSDGsアワードでは、SDGsの認知は着実に進んでいる一方、今後は、具体的な行動変容の促進が重要という観点から、従来の評価項目「普遍性」「包括性」「参画性」「統合性」「透明性と説明責任」に加え、新たに「変革性」及び「連帯性と行動変容」という新規評価項目を追加し、計7つの評価項目で実施されました。

その他、関係府省庁など主催の**SDGs関連表彰制度**もあります。これらの表彰制度は基本的には公募制のため、定量的・定性的にもしっかりとした自己評価が必要となります。自治体でもSDGs登録・認証制度を設けている場合もあります。各自治体ホームページなどでご確認ください。

　SDGs と関連性が高い認証制度もあります。製品やサービスの認証を取得した場合、認証マークを使って取り組みをアピールすることができます。消費者に対しても自社の環境配慮などの取り組みを視覚的に分かりやすく伝えられます。以下は、第6回ジャパンSDGs アワードで SDGs 推進副本部長賞を受賞した評価内容です。

25 株式会社太陽油化の評価内容

【取り組み内容】
- 汚泥中の微生物分解を研究し、微生物を活性化させ農産物の成長を促進させる微生物植物活性剤「東京8」（有機 JAS 資材登録済）を開発。
- 高額な農業資材調達に課題があるサブサハラアフリカなどの開発途上国において、小規模農業者に低コストで展開し、収穫量の引き上げに成功。小規模農業者の経済力向上および当該国の食料安全保障に貢献。
- 土壌中における有機物の分解・合成機能を引き上げ肥料の効率性を引き上げるため、化学肥料や農薬使用量の低減に繋がり、環境にも寄与。

【評価のポイント】

普遍性	国内外の関係者を広く巻き込み、現地生産が容易かつどの地域でも展開可能な取り組みであるため、国際社会におけるロールモデルとなり得る。
包摂性	開発途上国における小規模農業者の生産性を高め、女性も就業している職種を新規創出。
参画型	開発途上国の学生や女性をはじめ、国内外の様々な関係者と連携して取り組みを進めている。
統合性	当該製剤の導入により、食料自給率の向上と小規模農業者の経済的自立および有機栽培への移行により、社会・経済・環境の三側面に貢献。
透明性と説明責任	事業の参画を募る説明会を広く実施し、活動内容もSNSなどで発信を行い。参画者との共有を密に行っている。
変革性	学生を巻き込む将来性がある取り組みかつ本来廃棄される汚泥から生成される製剤は、新たな資源循環を生み出し社会を変革している。
連動性と行動変容	展開先のネットワークコミュニケーションを構築し、各国・地域間で課題解決に向けた情報共有を行うことで行動変容の連鎖に繋げている。

出典：外務省　Japan SDGs Action Platform　award6_04_taiyo.pdf（mofa.go.jp）

関係府省庁など主催のSDGs関連表彰制度①

名称	主催	主に関連するゴール
日本医療研究開発大賞	内閣官房	2. 健康・長寿の達成
地方創生SDGs 金融表彰	内閣官房、内閣府	3. 成長市場の創出、地域活性化、 科学技術イノベーション
女性のチャレンジ	内閣府	1. あらゆる人々が活躍する社会・ ジェンダー平等の実現
食品ロス削減推進表彰	消費者庁、環境省	5. 省・再生可能エネルギー、防 災・気候変動対策、循環型社会
「めざせ！食品ロス・ ゼロ」川柳コンテスト	消費者庁	5. 省・再生可能エネルギー、防 災・気候変動対策、循環型社会
「障害者の生涯学習支 援活動」に係る 文部科学大臣表彰	文部科学省	1. あらゆる人々が活躍する社会・ ジェンダー平等の実現
健康寿命をのばそう！ アワード	厚生労働省、スポーツ 庁	2. 健康・長寿の達成
ディスカバー農山漁村	農林水産省、内閣官房	3. 成長市場の創出、地域活性化、 科学技術イノベーション
ノウフク・アワード	農福連携など応援コ ンソーシアム（事務 局：農林水産省）	3. 成長市場の創出、地域活性化、 科学技術イノベーション
サステナアワード	あふの環2030プロ ジェクト～食と農林 水産業のサステナビ リティを考える～（事 務局：農林水産省）	5. 省・再生可能エネルギー、防 災・気候変動対策、循環型社会
森林×脱炭素 チャレンジ	林野庁	6. 生物多様性、森林、海洋などの 環境の保全
ものづくり日本大賞	経済産業省、国土交通 省、厚生労働省、文部 科学省	3. 成長市場の創出、地域活性化、 科学技術イノベーション
グリーンインフラ大賞	国土交通省	4. 持続可能で強靭な国土と質の 高いインフラの整備
環境省グッドライフ アワード	環境省	5. 省・再生可能エネルギー、防 災・気候変動対策、循環型社会

出典：SDGs-relatedAwardSystem.pdf（mofa.go.jp）

関係府省庁など主催のSDGs関連表彰制度②

名称	主催	主に関連するゴール
ESGファイナンス・アワード・ジャパン	環境省	3. 成長市場の創出、地域活性化、科学技術イノベーション 5. 省・再生可能エネルギー、防災・気候変動対策、循環型社会 6. 生物多様性、森林、海洋などの環境の保全
JICA理事長表彰	独立行政法人国際協力機構（JICA）	4. 持続可能で強靭な国土と質の高いインフラの整備 7. 平和と安全・安心社会の実現
「STI for SDGs」アワード	国立研究開発法人科学技術振興機構	3. 成長市場の創出、地域活性化、科学技術イノベーション
NITS大賞	独立行政法人教職員支援機構	1. あらゆる人々が活躍する社会・ジェンダー平等の実現
Japan Venture Awards（JVA）	独立行政法人中小企業基盤整備機構	3. 成長市場の創出、地域活性化、科学技術イノベーション

主な認証制度

●フェアトレード

認証名	認証団体	主な認証対象品目
国際フェアトレード認証ラベル	国際NPO 国際フェアトレードラベル機構（Fairtrade International）	コーヒー、紅茶、カカオ、スパイス、砂糖、大豆、蜂蜜、ナッツ類、果物、果物加工品など
世界フェアトレード連盟（WFTO）マーク	WFTO （世界フェアトレード連盟：World Fair Trade Organization）	品目ごとではなく、団体に対するフェアトレード認定 製品へのラベル掲載には別途認証取得が必要

●水産物・海産物

認証名	認証団体	主な認証対象品目
MSC認証 （海のエコラベル）	国際NPO 海洋管理協議会 Marine Stewardship Council（MSC）	天然魚漁獲漁業、認証取得漁業で獲られた水産物
ASC認証	国際NPO 水産養殖管理協議会 Aquaculture Stewardship Council（ASC）	サケ、ブリ・スギ類、タイ、オオニベ類、ヒラメ、二枚貝（カキ、ホタテ、アサリ、ムール貝）、アワビ、エビ、海藻などの12漁種

●農産物・加工品・紙製品

認証名	認証団体	主な認証対象品目
FSC認証	国際NPO 森林管理協議会 Forest Stewardship Council（FSC）	紙製品（ノート、トイレットペーパー、ティッシュなど）、木製品（建材、家具など）
レインフォレスト・アライアンス認証	国際非営利環境保護団体 レインフォレスト・アライアンス	コーヒー、カカオ、茶類（紅茶、ルイボス、緑茶など）、バナナ、その他果物など
RSPO	非営利組織 RSPO （持続可能なパーム油のための円卓会議）	パーム油およびパーム核油など（カップ麺などの加工食品、化粧品、洗剤などに利用）
有機JAS	農林水産省が認可した登録認証機関	農産物、農産加工品、畜産物、原料など

出典：国のSDGs認証制度ってあるの？　自治体・国際認証機関によるSDGs登録・認証制度も紹介｜文化資本創研（bunkashihon.jp）

SDGsの取り組みを
広く知ってもらう

会社の発展や存続のためには広報も大切なポイントです。企業価値向上、社員のモチベーション向上、すべてにおいて情報発信が重要です。

1 発信の有効性

適切に**発信**することで企業の信頼性が向上します。SDGs に取り組むことは環境課題や社会課題に配慮することです。社会全体の関心が強い課題と向き合っていることを発信することで、顧客や取引先への説明責任を果たすと同時に、「信頼できる企業だ」と認識してもらうチャンスになります。また発信により新たなビジネスを創出する機会となり得ます。

日本企業は陰徳の美学から、成果を控えめに発信する傾向があります。SDGs における情報発信は、自社の目指す姿、取り組み状況、成果を対外的に発信し行動を促す手段になり得ます。

個別の活動のみを取り上げるのではなく、企業理念やビジネスモデル、自社の技術や製品、サービスの強みや特徴を SDGs と関連付けて発信することで、説得力が高まります。

2 発信のターゲット

発信の際は、誰に何を伝えるのかのターゲットを明確にするのがポイントです。ターゲットが明確でないと誰にも伝わらないことになります。中小企業が SDGs を発信する上でのメインターゲットは社員の家族、取引先、地域社会、金融機関です。

3 発信媒体

　サステナビリティ報告書や CSR 報告書の他、自社のホームページ（SDGs 特設ページやニュースリリース）、SNS、各種メディア（書籍への掲載、地方紙や地域テレビ、ラジオへの出演など）、政府、地方自治体との連携、イベント開催／参加などで発信します。企業価値を向上させるためには自社からの発信、他者からの発信、両方を組み合わせるのが有効です。

自社からの発信、他者からの発信、両方を組み合わせることが重要！

チャンスをつかむ人の共通性

　チャンスを掴むために必要なことは積極性と反応の速さです。

　積極性に関して、例えばCHAPTER 2で解説したSDGsの取り組みの発信は、チャンスを掴むために大切なことです。メディアでの発信機会は、待っていても巡ってきません。余程知名度が無い限り、自ら賞や掲載へ応募する必要があります。賞に応募しても大半の団体、個人は落選します。しかし応募しなければチャンスは巡ってきません。

　10回応募して1回当選するなら、10回応募するかその1回を最初に持ってくればよいのです。可能性が低いからといって諦めていても何も変わりません。

　私自身もSDGsに関する賞に応募したことがあります。応募した時に考えた応募書類は活動成果の棚卸であり、今後の財産です。また選ばれた団体、個人の活動を見ることで、自社、個人の活動に活かせたり、思いもよらぬ出会いが生まれるかもしれません。

　また反応の速さとは、返事の速さ、行動の速さ、発信の速さです。返事の速さは相手からの信頼を生みます。行動の速さはライバルから一歩前に出て機会を創出します。発信の速さは次の機会を生みます。日常生活で考えても、連絡をしても何日も反応が無い人と、すぐに返事をくれる人（今こういう事情ですぐに返事できないという返事を含む）、どちらと一緒に仕事をしたいか、どちらと一緒に取り組みたいか、信頼できるかを考えれば明白です。

　反応が速い人は、多様な分野へ学びを広げ、行動を繰り返している人です。当たり前のことを、当たり前ではないぐらい続けると、当たり前ではない人生（有難い人生）が広がります。

　私もまだまだですが、誠意をもって相手を不安にさせないような取り組みを日々心がけています。常にチャンスが目の前に現れた時に手を挙げられる準備もしておきたいですね。SDGsの取り組みにおいても、今だと思ったときが取り組むべき時です。この本を手に取ってくださったということは、その時は間違いなく今です。ぜひ読者の方も一緒にチャンスを掴みましょう。

SDGs実践事例
取材編

　SDGsを実践している企業に、筆者が直接足を運び、経営者に詳しくお話を伺いました。株式会社山翠舎、株式会社諸岡、木内酒造株式会社の3社のSDGsへの取り組みをご紹介します。現場の生の声を聞いてみてください。SDGs実行のヒントやアイデアがたくさん散りばめられていますので、ぜひ参考にしていただけると嬉しいです。

株式会社山翠舎

山翠舎は古民家や古木®を使った商業施設の設計と施工、古民家の買い取りと再生、飲食店開業支援など、多様な事業を手がけています。取材にこたえてくださったのは代表取締役社長　山上浩明さんです。

・**事例に関連する SDGs 目標**：4,5,8,9,10,11,12,13,15,17
・**本社所在地**：長野県長野市　**創業**：1930年　**従業員**：25人

●取り組み背景：

父が率いていた山翠舎に入社してからしばらく経った2006年、長野の解体現場でいかにも歴史があって見事な古民家が何のためらいもなく壊されていく現場を目にしました。

私は子どもの頃、父が経営する自宅の目の前にあった木工所でよく遊んでいました。そこでは捨てられていた木の端材や竹を使い、いろいろなものをナイフとのこぎりで作りました。

また私は、小さい頃から環境問題にも関心を持っていました。森林の伐採や油による環境汚染などのニュースを見ると、どうにかならないものかと胸を痛める子どもだったように思います。そんな思いが高じ、大学では省エネルギーに関する論文を2本書きました。

そんなバックグラウンドを持つ私にとって、長年使われてきた古民家が無慈悲に壊され、あっという間に廃材にされていくのはなんとも悔しく、もったいないと感じました。

同時に、古民家に住んでいた方々が、たくさんの思い出が詰まっ

＊**古木**　山翠舎では古民家を「戦前（1945年まで）に建てられた民家」、古木を「古民家の所有者が特定できて、ストーリー性のある古木」と定義している。

た家を解体され、大きな喪失感にさいなまれている姿も目の当たりにしました。

そこで私は、古民家や古木を再生させつつ、そこに住んでいた方々の気持ちにも寄り添えるよう、古民家の木を買い取り販売することを始めました。

 体制構築

体制構築には、社長がまず動くことが大切です。最初はなかなか周りの理解は得られないものです。私自身、社員の意識を変え、社内に定着させるまでにはかなりの時間を要しました。

新規事業にも全身全霊をかけて取り組みました。中途半端な気持ちでは社員にも面目が立ちません。最初は冷ややかに見る人もいる

FIGURE
29 長野県大町市の倉庫

5000本以上の古木が所狭しと積み上げられています。

出典：古木®（こぼく）について（sansui-sha.co.jp）

かもしれませんが、必ず誰かが見てくれていますし、頑張って少しずつでも成果を出し続ければ、協力者やビジョンに共感してくれる人が増えていくと実感しています。

　「地方には人がいない」という先入観を持っている人もいるでしょうが、それは正しい認識ではありません。地方には有力な企業が少ない分、自社のイメージを高められれば、地域内の優秀な人材を集めやすいのです。

2 自社分析と優先課題の決定

　山翠舎は技術力が高く評価され、業績を積み重ねてはいたのですが、2004年に私が入社するまでは下請けが中心で、競合他社との価格競争を強いられ、利益を出すことは容易ではありませんでした。そのため、元請けの仕事を増やすことが当時の山翠舎にとって大きな目標となっていました。競合と差別化を図り、顧客から直接受注を獲得することが、当時は重要な課題だったのです。その後、元請けの施工業者でも同じ設計図書での相見積もりになってしまうという課題も加わりました。そのため、設計から提案することが大切だと考え、設計施工ができる元請けとして受注していこうと思いました。

　その次に、古材を活用すれば、唯一無二の居心地の良い空間ができるのではないかと考えました。山翠舎には長年蓄積していた古材施工に関するノウハウがあり、古民家を解体する仕事も請け負っているため、たくさんの古木を手に入れる機会もある。これらを活かし、古木の風合いが特徴的な設計・施工を行うことで、同業他社に競合優位性を持つ、選ばれる元請けになれるのではないかと考えました。自社の真の強みを深く理解するためには、自身では気づいていない強みを様々な人にヒアリングするだけでなく、会社案内と

ウェブサイトを作ることもお薦めです。

③ 目標設定

目標数値に関しては、原価設定や経営計画書を社員にも提示して共有しています。2022年11月に行った第54期 経営計画発表会では、「古民家の山翠舎」としての知名度を高めるための長期構想をステークホルダーに共有しました。

④ 実行

山翠舎が手がける多くの事業の発想・着想の根幹には、「ユーザーの困っていることを解決したい」というものがあります。山翠舎では空き家になっている古民家を解体・移築し、得られた古木や古民

30 山翠舎の考える「おもいやりの循環」

KOBOKU®でSDGs
山翠舎は持続可能な開発目標（SDGs）を支援しています

全方よし®
地球

環境 → 未来 → 地域・社会 → 住民 → 古民家と古民家の所有者 → 顧客 → 事業者（パートナー） → 利用者

山翠舎の考える「おもいやりの循環」。

出典：「メディア関係者の方へ」（sansui-sha.co.jp）

家を別の建物で利用しています。そして、その建物が役割を終えたら、再び解体・移築して別の建物で再利用します。また、古民家の管理に悩んでいる人と、古民家を使って商売したいと思っている企業・人のマッチング、古民家の解体や移築工事、古民家を利用した店に対する開業サポートなども行っており、地域に良い循環を生みたいと思っています。

そのためには、多くの人が循環の輪に加わり、互いに利益をもたらし合うことで、それを回転させ続けていくことが求められます。私たちは、常にすべてのステークホルダーが「幸せになる」「喜んでもらえる」仕組み作りを目指す「全方よし」の精神で前に進んでいます。自分だけ儲けたい、成功したいという考え方をしていると、協力者は得られません。まずは利他の精神、つまり「全方よし」の態度で臨むことが必要なのです。

新たなビジネスに取り組む際、協力者を多く巻き込めるほど成功の可能性は高まると思っています。全部自分でやろうとすると失敗することもあります。それぞれ得意な人に任せることが大事です。すべてを一人で進めようとしてしまうと周りの理解を得られません。

例えば、飲食店の開業者（料理人）は、メニューと人の採用に専念すれば良いと思います。看板はグラフィックデザイナーに任せる。店舗のデザイン施工は山翠舎に任せる。事業計画と物件の交渉はオアシス（山翠舎の料理人応援システム）に任せるといった具合です。それぞれプロフェッショナルに任せることで、自分が主体となって考えることを絞り込むことで、全体的に密度の濃いものができ、結果として、良いお店づくりができるようになります。

山翠舎が展開している事業のうちのいくつかは、長野県や長野市、経済産業省、中小企業庁などに認められ、補助金や助成金などを活

用できたことで、リスクを抑えながら事業をスタートできています。

5　自己評価

　あきらめず、動いていてよかったと思います。動いた結果、数年後に見えない糸が繋がってくるということを実感しています。以前動いていてお会いした人が、数年後に別のプロジェクトでばったり出逢うことによって、より親密な関係になり、成果が得られるようなことが起きます。無駄なことは一切ないなと思う瞬間です。点と点が繋がり線になる感覚です。

　最近では海外進出にも力を入れ始め、新ブランド「SANSUI」をインテリア業界の"パリコレ"とも言われるトレードショー「メゾン・エ・オブジェ」に出展しました。出張の合間に古民家を訪ね歩いていた時、たまたま訪れた愛知県名古屋市の「suzusan」で、同ブランドのCEO兼クリエイティブディレクターの村瀬弘行さんと出逢ったことによる、人との繋がりのお陰です。

　お金だけでは人の気持ちは動かせません。新たなビジネスに対して情熱や面白がる気持ちを持つ人と一緒に働く方が、仕事は上手く回ると私は考えています。これからもその気持ちを大事に、ジャンルを問わずいろいろな人たちとビジネスを作り大きな循環の輪を広げられたらと思っています。

6　他者評価

　長野市などの地方都市での設計・施工・マッチングなどの取り組みが評価され、2020年には「古民家・古木サーキュラーエコノミー」でグッドデザイン賞を受賞しました。これまでやってきた山翠舎の事業・取り組みがまさに認められたと思うと同時に、私たちの取り組みは今の時代に求められているものなのだという強い確信を得ら

れた瞬間でもありました。

　その他2017年以降、EOY Japan Startup Award 2018(革新的なビジネスモデルで潜在的成長力のあるスタートアップを選抜し、最も優れた起業家を表彰するプログラム)の甲信越代表への選出、2021年には信州SDGsアワード2021で長野県知事賞など、多数受賞しています。また「ガイアの夜明け」(テレビ東京系列)や「応援！日本経済がっちりマンデー!!」(TBSテレビ系列)など、各種メディアにも出演しています。

⑦ 発信

　2017年頃からSDGsのワードが世間に出てきて、山翠舎の事業が、時代のSDGsの流れで注目されるようになりました。すると取引先のみならず、金融機関、各種メディアなどに注目され、たくさん取材のお声をかけていただきました。メディアへの露出が増えたことで、多くの方に知っていただくことができ、企業イメージは向上しました。古民家や古木には大きな可能性や価値があります。残念ながら、そのことはあまり認知されていません。居心地の良さや手仕事の面白さ、歴史を感じることができる点など、古木の良さをもっと知ってもらいたいと思っています。そのために 2023年2月には、『"捨てるもの" からビジネスをつくる』(あさ出版)を出版しました。少しでも多くの人に知ってもらいたいと思っているため、積極的に取材には応じています。

　今では、県外からの視察が増えています。古民家を借りるという発想はまだまだ普及していないので、山翠舎の成功モデルをぜひ地元の会社で真似してほしいと思っています。そして、運営しているコワーキング施設が、聖地のようになれば良いと思っています。

FIGURE 31 施工事例（ふらっと日な田　東京・神保町）

福岡、大分の食材を
使った郷土料理店。

出典：和の雰囲気な店内｜ Discovery －山翠舎（さんすいしゃ）（sansui-sha.co.jp）

FIGURE 32 山翠舎の新ブランド SANSUI

古木を使い、長い時代を
経たメッセージを現代～
未来へと繋げたい思い
から生まれました。

出典：長野・山翠舎の新ブランド《SANSUI》ニッポンの伝統を次世代に。想いが海を越えていく｜
Discover Japan ｜ディスカバー・ジャパン（discoverjapan-web.com）

●読者へのメッセージ

SDGsの17ゴールを、ただ眺めて理解するだけなら簡単です。それで終わりにせず、SDGsを自分の会社にどう生かすか、様々な事例を見て考え生かすのは経営者であるあなたです。100個の事例を見てもひらめかなかったら101個目に踏み込んでください。興味を持ったら、良いなと思ったら自分で商品やサービスを体感し理解するまで知ってください。

例えば私は今パタゴニアの水筒を使っています。社員の制服もパタゴニアにしました。良いな、好きだなと思ったブランドなので商品を買い続けていたら、パタゴニア軽井沢店の工事をすることにもなりました。

ビジネスの経験は、自分でお金と労力を費やさなければ身に付きません。リスクを背負い前進していると、道は拓けると実感しています。

私のこれまでの経験は進んで公開します。その経験が役に立つようであれば活用していただきたいです。いろいろな分野で、もったいない精神をもって、捨てるものからビジネスをつくるということを真似てほしいです。これからの時代は社会課題を解決していく新規事業が大切だと思っています。全国でこの流れが生まれれば嬉しく思います。

FIGURE 33 2023年4月25日に完成したパタゴニア軽井沢店

Yasu matsumoto photography

出典：パタゴニア 軽井沢 | パタゴニア | Patagonia

> カウンター什器に浅間山の浅間石を使用するなど、歴史ある軽井沢の素材を大切に活かしています。

株式会社諸岡

建設・土木・農業機械、環境機器などの製造販売を実施しています。取材にこたえてくださったのは代表取締役CEO 諸岡正美さんです。

・事例に関連する SDGs 目標：5,7,8,9,12,13,15,17
・本社所在地：茨城県龍ケ崎市　創業：1958年　従業員：272人

●取り組み背景：

2018年で創業60周年を迎えました。過去を振り返り、新たな60年の再スタートのために会社の価値を考えた時に、財務面と同じくらい非財務面の価値を重要視する部分があると考えました。ちょうどその頃、世の中にSDGsが浸透してきており、非財務面での企業価値を高めることに関して、SDGsがヒントになり新たな企業の目標に活かせると思いました。

 体制決定

私たちは、サスティナビリティ推進室を作りました。推進室がSDGsを推進するという考え方ではなく、社員への意識づけをすること、SDGsをどう事業活動に活用できるかを考えるのが推進室の役割です。

また次の世代に繋いでいくためにも、若手社員に未来がこうなったらというビジョンを出してもらいました。経営者である自分だけが考えた場合、過去の60年と同じ60年を描く（**フォアキャスティング**）ことになります。革新的な考え方を持つには、自分ではない次の世代が主導すべき（**バックキャスティング**）です。

2 自社分析と優先課題の決定

　当初、多くの本を読み、SDGs目標、ターゲットを全部達成しようと考えていました。その時、当時の常陽銀行の頭取から、「60年続いている会社なのであれば既に持続可能な会社ではないか」と言われました。その言葉から既にSDGsに取り組んでいると気づきました。

　トップダウンで経営者である私が主導しています。中小企業では、下からはなかなか声は上がらないです。経営者が世の中、大企業、世界が何をやろうとしているか、自ら情報収集して、自社はどうすべきかを考えました。いつまでもトップダウンではいけないと思っているので、今後は下も巻き込んで取り組んでいきます。

FIGURE 34　諸岡の林業機械MST-1000VDL

長い耐用年数が特徴で、ランニングコストを抑えます。

3 目標設定

社員は無理な目標は与えられたくないと思っています。でも社員を引き上げるのがトップの役割です。とはいっても目標は非現実的ではいけません。社員と対話して実現可能性を探りながら、社員の声にさらに少し乗せた目標を与えるのが管理職の役割です。

4 実行

人手が足りなくなっていく中で、デジタル化には取り組まなければならないと考え、サプライチェーン排出量を見える化しました。取り組みの際には、自分で調べ、オンド株式会社に協力を依頼しました。自社内でも **DX** 化を進めるためデジタル部署を創設し、必要があると考えたので、オンド株式会社に来ていただき、勉強会を実施しました。サプライヤへの意識づけも行っています。これからは**トランスフォーメーション**に移行しないといけないと考えており、茨城県の DX 推進協会にお願いして一緒に進めています。

働き方改革にも取り組み平均残業時間は減らしました。一方残業時間は部署や人により偏っており、現在は偏りを分析しています。残業するなと社員に呼びかけるのは働き方改革ではありません。社員が働きやすい環境を作ることが働き方改革です。なぜ残業しているのか、理由がどこから来ているか分析し、必要な対策を講じるのが働き方改革の第2ステージだと考えています。

5 自己評価

統合報告書（財務情報（売り上げや利益、資産など）および非財務情報（企業理念、ビジョン、ビジネスモデル、技術、ブランド、人材、ガバナンス、CSR、SDGs などの取り組み）を取りまとめ

た報告書）を作っている会社は少ないので、2023年9月に常陽銀行と共に策定予定です。

6 他者評価

2022年、常陽銀行と**ポジティブインパクトファイナンス（PIF）**を締結しました。SDGs宣言書にはKPIの記載がないです。ポジティブインパクトファイナンスにはKPIがあり、常陽銀行がフォローアップしてくれるので価値があると考えました。

7 発信

社員には視覚で意識してもらうため、壁にSDGsのマークを張るなど工夫しています。取り組んだことはすべて自社のホームページで発信しています。結果が出る前からホームページで宣言して、

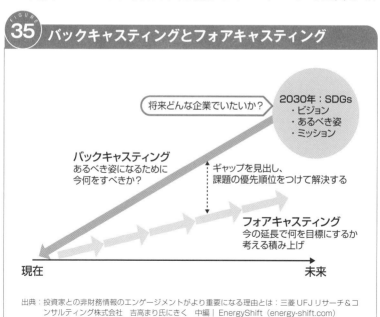

FIGURE 35 バックキャスティングとフォアキャスティング

将来どんな企業でいたいか？

2030年：SDGs
・ビジョン
・あるべき姿
・ミッション

バックキャスティング
あるべき姿になるために
今何をすべきか？

ギャップを見出し、
課題の優先順位をつけて解決する

フォアキャスティング
今の延長で何を目標にするか
考える積み上げ

現在　　　　　　　　　　未来

出典：投資家との非財務情報のエンゲージメントがより重要になる理由とは：三菱UFJリサーチ＆コンサルティング株式会社　吉高まり氏にきく　中編 | EnergyShift（energy-shift.com）

達成できるようにしています。また経済産業省　関東経済産業局が
SDGsに取り組む中小企業の先進事例を募集しており、外部にも発
信するために応募し掲載されました。

●読者へのメッセージ

　SDGsは自社事業の成長、転換に役立つツールです。SDGs17
の目標の選択肢はたくさんあるのでぜひ事業に活用してほしいで
す。SDGsは中小企業が大企業と肩を並べることができる取り組み
です。これからも、SDGsへの取り組みを通し、中小企業が大企業
に近づけるんだということを示していきます。

▲代表取締役諸岡正美氏（右）と筆者

FIGURE 36　SDGs／ESGの取り組み

ESG	SDGs

Environment（環境）

- 2012年にISO14001を取得し、全社的な環境マネジメントを実施
- 太陽光発電を行い再生利用可能エネルギーの利用促進
- 木材破砕などを開発し廃木材のリサイクルを推進するなど、本業を通して地球環境保全へ貢献

7. エネルギーをみんなに　そしてクリーンに

13. 気候変動に　具体的な対策を

15. 陸の豊かさも守ろう

Social（社会）

- 働き方改革宣言を表明し、労働時間の短縮、有給休暇取得推進などの施策を積極的に推進
- 社員の健康増進を図るため、健康経営企業宣言を行い、「健康経営優良法人」の認定の継続を目指す
- 安全衛生委員会にて、年度計画の策定やパトロール、機器の点検などを定期的に実施し、労働安全衛生に注力

5. ジェンダー平等を　実現しよう

8. 働きがいも経済成長も

9. 産業と技術革新の　基盤をつくろう

Governance（社内統制）

- 役員と幹部社員をメンバーとした「リスク管理・コンプライアンス委員会」を設立するなど、ガバナンス強化へ向けて積極的な取り組み
- 「内部統制室」を設立して社内ガバナンスの強化を推進

12. つくる責任つかう責任

17. パートナーシップで　目標を達成しよう

※健康経営は、NPO法人健康経営研究会の登録商標です。

2023NEW環境展／2023地球温暖化防止展での諸岡ブースでの様子。

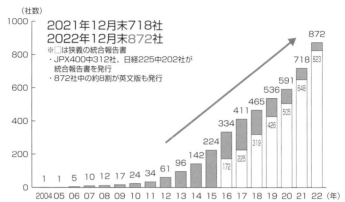

FIGURE 37　統合報告書発行企業数

（社数）

2021年12月末718社
2022年12月末872社
※□は狭義の統合報告書
・JPX400中312社、日経225中202社が
　統合報告書を発行
・872社中の約8割が英文版も発行

2004 1 / 05 1 / 06 5 / 07 10 / 08 12 / 09 17 / 10 24 / 11 34 / 12 61 / 13 96 / 14 142 / 15 224 / 16 334 / 17 411 / 18 465 / 19 536 / 20 591 / 21 718 / 22 872（年）

172 / 225 / 319 / 426 / 505 / 648 / 823

※「狭義の統合報告書」とは、統合報告フレームワークなどの統合報告ガイダンスを参考にして制作されている報告書、または冊子やWEBサイトでレポート名を統合報告書・統合レポートなどと題されている報告書を指す。
出典：PowerPoint プレゼンテーション（dirri.co.jp）「統合報告書発行状況調査2022 最終報告」を公表しました－宝印刷 D&IR 研究所（dirri.co.jp）

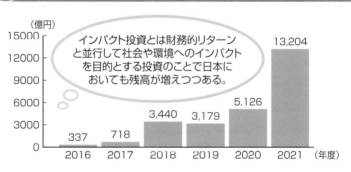

FIGURE 38　日本におけるインパクト投資残高（推計）の推移

（億円）

インパクト投資とは財務的リターンと並行して社会や環境へのインパクトを目的とする投資のことで日本においても残高が増えつつある。

2016 337 / 2017 718 / 2018 3,440 / 2019 3,179 / 2020 5,126 / 2021 13,204（年度）

資料：一般財団法人社会変革推進財団(SIIF)／GSG 国内諮問委員会「日本におけるインパクト投資の現状と課題」報告書（2016年度～2021年度）
注：ここでいうインパクト投資とは、財務的リターンと平行して、ポジティブで測定可能な社会的および環境的インパクトを同時に生み出すことを意図する投資行動を指す。（グローバルネットワークであるGlobal Impact Investing Network（GIIN）の定義）

出典：2023年度 中小企業白書・小規模企業白書 2023年版 中小企業白書・小規模企業白書 概要案（meti.go.jp）

木内酒造株式会社

日本発のクラフトビールとして海外で圧倒的人気を誇る「常陸野ネストビール」を主力に、世界50カ国以上へ展開する江戸末期創業の老舗酒造メーカー。2023年に創業200周年を迎えました。代表取締役社長 木内敏之さんにお話を伺いました。

- **事例に関連するSDGs目標**：6,7,8,9,11,12,13,15,16,17
- **本社所在地**：茨城県那珂市　**創業**：1963年　**従業員**：50人

●取り組み背景：

アルコール産業は昔から廃棄物を無くす取り組みが行われており、SDGsの中心にあります。ワインのしぼり粕からブランデーを作るなどです。ただ近年の商品開発競争で産業の形が変わってきています。木内酒造は地域に根ざしたアルコールを作ること、徹底して無駄をなくす努力をしているため、もう一度アルコール産業を元の形に戻そうと思いました。

1 体制決定

SDGs推進部署はありません。取り組みを見つけ出して全員で実施しています。

2 自社分析と優先課題の決定

アルコール産業は有機で繋がることを確かめました。有機は畑まで還り、次の材料に繋がります。製造過程で出た有機を再回収し、ロスが無いようにし、すべての酒造りが繋がるかを考えました。

捨てるとコストがかかることを常に意識し、産業廃棄物にならな

いことを最優先課題としています。ロスが出ると企業としての優位性がなくなります。産業廃棄物とせずに新しいものが生まれて付加価値が付くかを考えています。

③ 目標設定

廃棄物をゼロにすることを常に目標としています。

④ 実行

茨城から世界に羽ばたく企業であるために、地域との繋がりを一番大切にしています。

コロナ禍における営業自粛により、飲食店では大量のビールを廃棄せざるを得ない課題を抱えていました。木内酒造は、廃棄ビールを使った蒸留による酒造りの特許を持っていたため、賞味期限が迫ったビールを集約、無料で蒸留を行いクラフトジンとして返送する取り組みを実施しました。

また、茨城県内に工場があるアサヒビールやキリンビールに呼びかけ、コロナ禍で工場から出荷されずに大量に蓄積された両社のビールを自社工場にて蒸留し、手指消毒用高濃度エタノールを製造し当時消毒用アルコールの入手に苦慮していた関係各社の工場が立地する自治体や医療機関など各種機関に無償提供しました。

アルコールは回収した時に税金が還付されます。エタノール製造は地域貢献のために木内酒造、アサヒビール、キリンビールで酒税を払い無償で行いましたが、クラフトジンの製造などに関しては、SDGs の取り組みによって損しない仕組みを作っています。

FIGURE 39　常陸野ネストビール

1996年の発表以来、
国内外で数々の賞を
受賞してきました。

出典：商品一覧｜常陸野ネストビール（hitachino.cc）

FIGURE 40　ビール製造工程での副産物・廃棄物の再資源化

工程	副産物・廃棄物	再資源
原料	ホップ、アルミ袋	路盤材など
原料	原料集塵芥	飼料など
仕込		
麦汁ろ過	モルトフィード	飼料など
発酵熟成	余剰酵母	医薬品、食品
ろ過	ろ過フィルター	プラスチックの原料、高炉原料など
ろ過	珪藻土	有機肥料など
パッケージ	ビン（カレット）、アルミ缶、スチール缶	新しいビン・缶など
パッケージ	王冠、スチール缶	鉄筋など

■ 副産物　■ 廃棄物　■ 再資源

出典：ビール 製造工程　廃棄物 − Bing images

5 自己評価

　今では産業廃棄物はほぼありません。SDGs の取り組みが新商品の開発や付加価値を生む事業になっているかどうかを自己評価しています。

　酒製造の過程で排出する米や麦の粕を農家に家畜の餌として買い取ってもらっています。木内酒造は農家の牛をアメリカとカナダに販売していたり、また豚も買い取り、ハムやレストランでとんかつにして、生肉として売るよりも付加価値をつけることで、循環させています。

6 他者評価

　エシカル消費* という感覚があるのが強いのは海外です。海外では日本よりも地域性、ストーリー性のある飲み物が好まれています。ビールを製造する過程で、規格外とされる大麦を活用したジャパニーズクラフトウイスキー「日の丸ウイスキー」は、2023年4月にアメリカで開催された世界的な酒類コンペティション「The San Francisco World Spirits Competition 2023」で「日の丸ウイスキー ポートカスクフィニッシュ」「日の丸ウイスキー The 1st Barrels」が金賞・銀賞をそれぞれ受賞するなど、世界に展開しています。これからも Made in Japan であり続けます。

***エシカル消費**　地域の活性化や雇用などを含む、人・社会・地域・環境に配慮した消費行動。

41 BREWERIES UNITE FOR IBARAKI 70

八郷蒸溜所で
製造されました。

出典：おしらせ（kodawari.cc）

42 八郷蒸溜所

風光明媚な土地で、
ジャパニーズクラフトウイ
スキーを蒸溜しています。

出典：八郷蒸溜所 − Bing images

7 発信

　酒造会社はSDGsに取り組むのが当たり前の企業だと思っていること、消費者の持つイメージから、積極的にはSDGsの取り組みは発信していません。木内酒造は嗜好品製造会社です。SDGsによって商品の品質が悪く見えないようにしています。

　2023年に販売する「日の丸ウイスキー KOME」では、日本酒造りで精米された酒米の心白の外側部分を使用しています。多くの日本人の方はそれを食用米の「米ぬか」と同じようにとらえ、ぬか臭いというイメージを持ってしまうため、米粉から作っていると表現しています。SDGsによって品質を犠牲にしているわけではありませんが、消費者のイメージと、実際にやっていることの発信の仕方、整合性にはいつも悩みます。

● 読者へのメッセージ

　日本人は昔からもったいない精神を持っており、SDGsは企業が当たり前に取り組むべきものだと思います。合理性、利便性の追求だけを追求せず、普通のことを追求すればSDGsは実現できます。

43 日の丸ウイスキー ポートカスクフィニッシュ

大麦を活用した
ウイスキー。

出典：日の丸ウイスキー ポートカスクフィニッシュ（hinomaruwhisky.com）

44 エシカル消費

環境への配慮

・エコ商品を選ぶ

生物多様性への配慮

・RSPO 認証
・FSC 森林認証
・MSC 認証

エシカル
消費

社会への配慮

・フェアトレード商品を選ぶ
・寄付付き商品を選ぶ

地域への配慮

・地元の産品を買う
・被災地の産品を買う

人への配慮

・障がいのある人の支援に
つながる商品を選ぶ

出典：エシカル消費－ Bing images

私のSDGs

　現在、私が行っているSDGsに関する取り組みをご紹介します。

　私は地域の国際交流協会が運営している、地域に住む外国人向けの日本語教育ボランティアをしています。毎週、地域のコミュニティセンターで外国人に日本語を教えています。

　2022年にミスコンテストに出場した時、SDGsの取り組みのため、市役所の方にどのような活動が実現できるかを相談しました。地域の様々な団体の活動紹介サイトを教えていただき、対象となる様々な活動に出会いました。振り返ると活動の軸となったのは、自身の経験、社会ニーズ、自分の好きなこと／強みの3つでした。

　自身の経験：大学時代タイに留学した経験から、外国人として海外で生活する時の苦労を知った。

　社会ニーズ：日本語教師は需要が安定しないことなどの理由から仕事にするのが難しく、ボランティアに頼っている。外国人人口は増えているにも関わらず教師の数は増えていない。

　自身の強み／好きなこと：海外や異文化に親しみがある。面倒見の良さや親近感もあることから、よく道を聞かれ、写真を撮ってくださいと頼まれる。教師と生徒の関係性ではなく対等な立場として学習者に寄り添える。

　私の場合はボランティアという形でしたが、結果として本書を執筆させていただくことに繋がりました。中長期的には社会性、経済性両方を追求できていたのかと今振り返っています。

　本書を通し、読者の方にはぜひ "私のSDGs" を見つけていただきたいです。

CHAPTER

4

SDGs実践事例 学び編

　CHAPTER 3では、現場の生の声をお伝えしました。この CHAPTERでは、様々な業種で行われているSDGsの実践事 例を多数ご紹介していきます。様々なヒントやアイデが満載 ですので、ぜひ自社の参考にしていただけたら嬉しいです。

信州吉野電機株式会社

プレス金型、エンジニアリングプラスチック金型の設計・製作、情報機器、弱電部品及び自動車用電子部品の精密プレス部品・プラスチック成形部品の生産、組立事業などを行う。県補助金を活用して生分解性プラスチックを使ったゴルフティーを開発。

・事例に関連する SDGs 目標：12,14,17
・本社所在地：長野県塩尻市　創業：1979年　従業員：91人

1 取り組み内容

金属とプラスチックに精通し、求められる精度、形状を実現するモノづくりの技術を有する強みを活かし、長野県補助金を活用して**生分解性プラスチック**（土壌内で微生物による水と二酸化炭素に分解される）を使ったゴルフティーを開発しました。パッケージデザインは塩尻市産業振興課を通じて信州大学の学生に依頼し、商品名も平仮名にして和風の雰囲気を出しました。花の形をしたゴルフティーとして特に女子プロゴルファーから好評を得ており、2022年には提供したプロがツアー優勝もしています。

2 SDGsの学び

2019年6月の G20大阪サミットにおいて、海洋プラスチックごみによる環境汚染を2050年までにゼロにすることを目指す「大阪ブルー・オーシャン・ビジョン」が共有されました。プラスチックを巡る環境問題に注目が集まる中、ゴルフティー製作を通じた新たな取り組みを通じて環境に優しい生分解性プラスチックを使った製

品開発ノウハウを蓄積したことにより、今後自社の事業領域拡大に繋がる新たな技術獲得に向けて、一歩踏み出す契機としました。

　SDGsを切り口にした補助金として、2019年にSDGs未来都市として国から選定された長野県は、県内企業によるSDGsの取り組みに対して補助金交付制度「SDGs活用販路開拓モデル創出事業」を公募しました。土に還るゴルフティーを開発し海洋プラスチック問題解決に貢献する申請が採択され、金型部材費、試作材料費、弁理士への実用新案登録委託料、R&A（英国ゴルフ協会）へのゴルフ規則適合審査などへ補助金を活用しました。

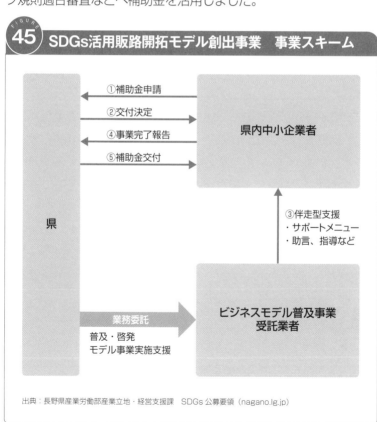

FIGURE 45　SDGs活用販路開拓モデル創出事業　事業スキーム

出典：長野県産業労働部産業立地・経営支援課　SDGs公募要領（nagano.lg.jp）

4

2

株式会社かね久

飲食店用のパン粉の製造販売、業務用食料品の総合卸売、商品開発・販路開拓・販売などの事業を展開。地元・宮城の食を守り、伝え、パートナーを増やして活動しSDGsのゴールへ繋げる。

- ・事例に関連する SDGs 目標：12,17
- ・本社所在地：宮城県仙台市
- ・創業：1945年　設立：2014年　従業員：10人

1 取り組み内容

　東日本大震災翌年の2012年、震災や原発事故の風評被害で苦しむパートナー企業とともに一般社団法人「食のみやぎ応援団」を設立し、販路拡大を目指しました。応援団の企業連携で様々な商品・サービスを生み出し、東京電力の社員食堂の食材として石巻のわかめが採用されるなどの成果を上げています。近年は加工時に出る食品ロスを活用した商品開発にも着手しています。代表的なのは「牛たんデミグラスソース煮込み缶詰」です。宮城名物「牛たん」のうち、ロスになることが多いタン先やタン元を使って煮込んだソースです。

2 SDGsの学び

　消費者庁が実施した2021年度 消費者の意識に関する調査では、食品ロス問題を認知して食品ロス削減に取り組む人の割合を集計したところ、食品ロス問題を「知っている」（80.9%（「よく知っている」23.1%＋「ある程度知っている」57.8%）と回答し、食品ロ

スを減らすための「取り組みを行っている」と回答した人は78.3%でした。食品ロス問題を認知して食品ロス削減に取り組む人の割合を増やすことが求められています。

　「食のみやぎ応援団」は2023年3月、SENDAI SDGs Expoを開催し事業拡大を目指し活動している企業のSDGs推進の取り組み事例の紹介を通して、ビジネス視点でのSDGsを紹介、SDGsを活用した新商品発表会を行いました。地域の企業で団結し、同じ思いを持つパートナー企業がそれぞれの強みを出し、連携し、発信していくことで、地域一丸となってSDGsの目標を達成しています。

FIGURE
46　食のみやぎ応援団SDGs宣言

持続可能な社会の
実現を目指す！

出典：食のみやぎ応援団について | 食のみやぎ応援団 SDGs 宣言（miyagi-ouen.jp）

有限会社ゑびや

伊勢神宮参道の老舗料理店。データに基づく店舗運営により売上拡大、フードロス削減、生産性向上に繋げる。

- **事例に関連する SDGs 目標**：8,9,12
- **本社所在地**：三重県伊勢市　**創業**：1912年　**従業員**：43人

1 取り組み内容

　売上や気象・入店者数・観光客数・アンケートなどの様々なデータを自動で収集分析、データに基づく店舗運営を行える **TOUCH POINT BI** を独自開発し、「ゑびや」の売り上げを2012年からの6年間で5倍に成長させました。

　また分析ツールの活用により来客予測やメニュー予測を使って食材の発注を最適化したことにより、過大な発注の防止や、新鮮な食材の提供などが可能となり、廃棄ロスは2016年からの3年間で72.8％も削減できました。

　来客予測は従業員の勤務シフト作成にも役立てられました。店舗を少ない人数で運営できるようになり、従業員の休暇日数を増やすことに成功し、2019年には14日間連続休暇が実現しました。

　2018年、独自開発したシステムを販売する会社 **EBILAB**（ゑびラボ）を立ち上げ、サービス業向けクラウドサービスの開発・販売・サポートを行っています。

2　SDGsの学び

　店舗運営を再現性のない勘と経験に頼るのではなく、データに基づく経営に変えました。そして、データから仮説を立て、実行に移し、その効果を測定して、さらに改善することを繰り返しました。

FIGURE
47　伊勢神宮参道の老舗料理店「ゑびや」

> TOUCH POINT BIの
> 開発で売上アップ！

出典：神様も驚くＡＩ経営　来客予測で食品ロス激減：生成発展「テクノロジーで変革する中小企業の未来」（asahi.com）

CHAPTER
4
SDGs実践事例　学び編

株式会社Hacoa

越前漆器の産地、福井県鯖江市河和田地区で誕生し、日本全国に直営店を展開する木製デザイン雑貨ブランド。伝統技術の継承と革新でSDGsに貢献。

・**事例に関連するSDGs目標**：4,8,9,12,13,15
・**本社所在地**：福井県鯖江市　**創業**：1962年　**従業員**：26人

1　取り組み内容

　同社は「職人不足による伝統技術の衰退」という伝統工芸産地の問題を、つくる楽しさを追求できるスタイルで解決してきました。効率化を求める流れ作業ではなく、一人の職人を育てることを前提に、その時代に合わせたものづくりを考え続け、ものづくりの楽しさを伝えています。

　長年培った伝統技術と知恵と最新の機械が融合したものづくりに魅了された若者達が全国から集まり、後世に残せる技術を生み出すことで、地域経済の活性化と後継者の育成を図っています。その他、子ども達の植林活動への支援や国産材を取り入れた商品開発、製造も行っています。

2　SDGsの学び

　「産地」というのは歴史があればあるほど閉鎖的で情報が入ってこないことに課題を感じ、自分自身で感性を磨いて新しい情報を手に入れるため東京へ足を運び営業活動しました。産地のルールや既存システムに捉われない漆を塗らない木地の雑貨商品開発を行い、

現代の価値観に合わせたブランディングで産地の歴史から改革を続け伝統工芸を伝え続けています。

FIGURE
48 旧工場の様子

福井県鯖江市河和田地区で誕生したHacoa

出典：Hacoaの歩み｜おしゃれな木の北欧風雑貨ブランドHacoa（ハコア）

FIGURE
49 Hacoa Card Case

名刺交換の際、この名刺ケースで、人と人とが幸せな繋がりが始まることを願い作られている。

出典：木地師の技術が詰まったカードケース｜おしゃれな木の北欧風雑貨ブランドHacoa（ハコア）

株式会社セイバン

老舗ランドセルメーカー。将来の顧客層となる若者世代にも取り組みをPRすることで未来にも投資。

・事例に関連する SDGs 目標：5
・**本社所在地**：兵庫県たつの市 **創業**：1919年 **従業員**：310人

1 取り組み内容

　ランドセル業界では「男の子向け／女の子向け」といった性別によるカテゴリ分けが一般的です。株式会社セイバンの商品カタログの見出しはモデル名で分けており、性別による表記は一切除かれています。かわいらしいデザインは「女の子向け」、かっこいいものは「男の子向け」といった従来の表現に頼らず、モデル名でデザインの特徴を伝えるよう工夫を凝らしました。性別という入口から入らずにカタログを眺められるようにした目標5「ジェンダー平等を実現しよう」に前向きなチャレンジです。

2 SDGsの学び

　幼い頃からジェンダー平等の価値観を浸透させるため、ジェンダー先進国で行われているのが**ジェンダーフリー教育**です。ジェンダーフリー教育とは、「男性だから」とか「女性だから」といった固定観念を生まない教育を指します。

その取り組みは多岐にわたり、服装を男女で分けないことはもちろん、一部の国では言語にまで影響が及んでいます。同社は将来の顧客層となる若者世代にも取り組みを PR することで、SDGs を勉強中の学生から問い合わせが寄せられたり、新卒採用において学生が SDGs に言及したりする場面が増えています。**SDGs ネイティブ世代**と価値観を共有できる企業であることは、今後一層重要になってきます。

FIGURE 50 ランドセルカタログ2024

写真提供：株式会社セイバン

株式会社籠谷

たまご事業、電気事業、ファーム事業を行う。たまごやたまご製品の生産を通じて、しあわせを循環させる消費モデル (KAGO TANI MODEL) を構築し、持続可能で豊かな社会を実現する。

・**事例に関連する SDGs 目標**：2,9,11,12
・**本社所在地**：兵庫県高砂市　**創業**：1921年　**従業員**：420人

1 取り組み内容

　自社養鶏場の発酵肥料や卵殻を使用した肥料で育った作物や、輸送時の二酸化炭素を軽減する地産地消となる県内の作物を使用し、籠谷のアンテナショップである「たまごとジェラートのお店 yellow」で、地産地消ジェラートを開発、販売しています。地元の高砂市と連携し SDGs カフェを開催し、"卵とジェラートからできること" の題でジェラートと SDGs がどのように関連しているかを話しました。また、参加者からも、感想や SDGs への思いなどを発表しました。同社は他にも学生が参加するスポーツ大会の主催、養鶏場であった土地のリース提供など、地域社会へ貢献しています。

2 SDGsの学び

　市と連携し自社の取り組みを地元の人に紹介する機会を作り、市内に住んでいる、または、通学、通勤している人が、地元企業の活動を SDGs を通して知ることにより、参加者に SDGs へ関心を持ってもらうと同時に自社に興味を持ってもらうきっかけにすることができます。

51 たかさごSDGsカフェ

高砂市×SDGs

たかさご
SDGsカフェ

地域で活躍している事業者さんや大人の皆さんの活動について、
SDGsをテーマにお話しを聞き、未来や地域を自由に話し合い、
出会う場が「たかさごSDGsカフェ」です。
皆さんの「知りたい・変わりたい・始めたい」気持ちを応援します。

知りたい変わりたい始めたい

参加者募集

開催告知、申込受付
などを、市職員が支援して
くれる制度です。

出典：Microsoft PowerPoint − SDGs«Ō §（takasago.lg.jp）　たかさご SDGs カフェ／高砂市
　　　（takasago.lg.jp）

hap株式会社

アパレル事業を行う。SDGs達成に向けて既存の洋服のサプラ
イチェーンをすべて見直し、未来服を開発。

・**事例に関連するSDGs目標**：3,9,11,12,13,14,15,17
・**本社所在地**：東京都中央区　**創業**：2006年　**従業員**：22人

1 取り組み内容

　環境配慮多機能性素材・洋服「COVEROSS®（カバロス）＊」
シリーズの開発、環境配慮繊維製品の**OEM／ODM**(セレクトショッ
プ、専門店向けなど)など、**サーキュラーファッションブランド**を
開発しています。

　2023年1月、「第11回技術経営イノベーション大賞」で「カバ
ロスのサーキュラーファッション」がアパレル・繊維業界で初めて、
「内閣総理大臣賞」を受賞しました。

2 SDGsの学び

　環境省の2022年度ファッションと環境に関する調査報告による
と、衣類の国内新規供給量は計79.8万トン（2022年）に対し、
その9割に相当する計73.1万トンが事業所及び家庭から使用後に手
放されると推計されています。このうち、廃棄される量は計47.0
万トン（手放される衣類の64.3%）、リサイクルされる量は計12.7

＊ **COVEROSS®**　人にも地球にも優しい「素材」であり「洋服」。COVEROSS®WIZZARD（ウィザード）は
素材の染色から機能付与工程において水やエネルギーを50%削減し、世界初1枚の布地に同時に10以上（抗菌・
抗ウィルス・消臭・UVカット・セルフクリーニングなど）の機能性を付与できる光触媒を用いた独自技術。様々
な機能性を「布地」だけでなく、「製品（新品・古着など）」へも付与可能なため、アップサイクルも可能。

万トン（手放される衣類の17.4%）、リユースされる量は計13.3万トン（手放される衣類の18.1%）となっています。

　同社は、環境負荷が社会問題となっているファッション業界の変革を起こしました。"ファッションを通じて、ステークホルダーの「笑顔」を生産する"というミッションのもと、グローバル化が進むファッション業界において、地球環境に配慮した製品の開発など、新たなビジネスモデルを作っています。

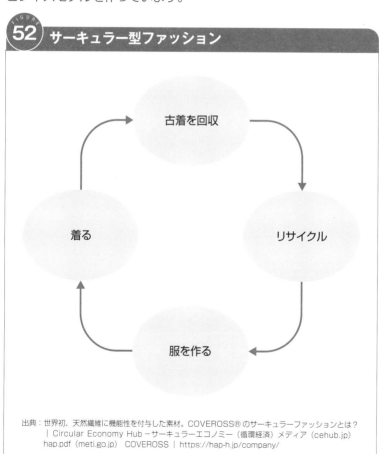

FIGURE 52 サーキュラー型ファッション

古着を回収

リサイクル

着る

服を作る

出典：世界初、天然繊維に機能性を付与した素材。COVEROSS® のサーキュラーファッションとは？
| Circular Economy Hub −サーキュラーエコノミー（循環経済）メディア（cehub.jp）
hap.pdf（meti.go.jp） COVEROSS | https://hap-h.jp/company/

株式会社リリィアブル

書籍、文具、CD／DVD、食品販売、カフェ・レストランの大型複合施設の運営を行う。企業版ふるさと納税制度の活用でSDGsに貢献。

・**事例に関連するSDGs目標**：1,2,3,4
・**本社所在地**：北海道釧路市　**創業**：1978年　**従業員**：279人

1 取り組み内容

同社が運営する茨城県つくば市「コーチャンフォーつくば店」には3万5000冊の絵本や図鑑などの児童書があり、「企業版ふるさと納税制度*」を利用して児童書を1冊購入するごとに10円をつくば市に寄附する取り組みを行っています。寄附金は、世代を超えた貧困の連鎖を断ち切るとともに、すべての子ども達が夢と希望を持って成長していけるよう子どもの未来支援事業に活用されています。

2 SDGsの学び

SDGsの目標は、自社だけでは達成が難しいものもあります。企業版ふるさと納税による寄附を通じて地方公共団体の取り組みを支援することで目標の達成に大きく寄与することができます。寄附を行った地方公共団体のホームページや広報誌、寄附活用事業で整備された施設の銘板などに自社の名前が掲載されることで、日頃から付き合いのある取引先や金融機関などへの信用力向上に繋がりま

---

*企業版ふるさと納税　正式名称を「地方創生応援税制」といい、企業が地域再生法の認定地方公共団体が実施する「まち・ひと・しごと創生寄附活用事業」に対して寄附を行った場合に、税制上の優遇措置を受けられる仕組み。

す。インターネットや電子メディアの普及で、書店は岐路に立っています。書店に行くと自分が知らない情報、知識がこの世の中に溢れており、毎回自分の無知を思い知ります。世の中には知りたいこと、知るべきことが溢れていることを教えてくれる書店を、心から応援したいという思いも込めて今回ご紹介しました。

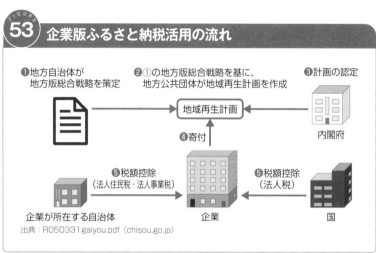

FIGURE 53 企業版ふるさと納税活用の流れ

❶地方自治体が地方版総合戦略を策定　❷①の地方版総合戦略を基に、地方公共団体が地域再生計画を作成　❸計画の認定

地域再生計画

内閣府

❹寄付

❺税額控除（法人住民税・法人事業税）　❺税額控除（法人税）

企業が所在する自治体　企業　国

出典：R050331gaiyou.pdf（chisou.go.jp）

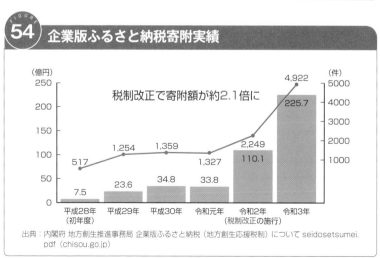

FIGURE 54 企業版ふるさと納税寄附実績

（億円）
税制改正で寄附額が約2.1倍に

	平成28年（初年度）	平成29年	平成30年	令和元年	令和2年（税制改正の施行）	令和3年
件数	517	1,254	1,359	1,327	2,249	4,922
金額	7.5	23.6	34.8	33.8	110.1	225.7

出典：内閣府 地方創生推進事務局 企業版ふるさと納税（地方創生応援税制）について seidosetsumei.pdf（chisou.go.jp）

その他の取り組み

中小企業のその他の取り組みについて見ていきましょう。

1 ハンズオン支援事業

その他の中小企業の SDGs の取り組みについて、もう少し紹介しましょう。

ある和菓子メーカーでは、和菓子づくりで社会問題の解決に貢献しています。和菓子を製造する過程で発生する食品廃棄物の量は毎月22トンにも及び、その大量の食品廃棄物を排出している生産工程を改善したいとして、独立行政法人中小企業基盤整備機構（通称：中小機構）近畿本部へ経営相談しました。

そこで専門家のアドバイスを受けながら経営改善を図る**ハンズオン支援事業**（専門家派遣）を活用し、食品廃棄物の排出量削減に取り組みました。そして製造上のミスや、原材料の日付管理が徹底されないことでロスが起きないような作業体制を構築し、グラフ化によって食品廃棄物の排出量を「見える化」して、日々の排出状況を把握し、その原因を解析しました。ものづくりの基本である現場の**5S**（整理・整頓・清潔・清掃・しつけ）活動を徹底し、目的としていた食品廃棄物の排出量削減に成功しました。

2 SDGsの学び

　2021年度の国内の食品廃棄物発生量は1,670万トン（うち食品製造業が83%）、可食部の食品廃棄物などの発生量は279万トン（うち食品製造業が45%、外食産業が29%）となっています。

　2020年3月、食品ロスの削減の推進に関する基本的な方針において、事業系食品ロスは2000年度比（547万トン）で、2030年度までに半減（273万トン）させる目標が立てられています。

　問題意識を持って行った経営改善がSDGsへの貢献に繋がりました。SDGs経営は、既に取り組んでいる経営改善や事業をSDGsの視点で捉え直すことからでも始められます。

　中小機構は中小企業のSDGsへの取り組みや経営相談も支援しています。紹介したハンズオン支援事業（専門家派遣）とは、新分野進出や新製品・新サービスの開発、営業活動の強化、生産性の向上、原価低減、事業計画の策定など、さまざまな経営課題の解決を図りたい企業に対して専門家を一定期間（5ヶ月程度〜最大12ヶ月）派遣する制度です。

5S活動を徹底して食品廃棄物の排出量を削減！

学生から学べるSDGs

　私は大学時代、地域×国際交流をテーマにした学生団体「東広島わくわく魅力発見隊（現：わくわく）」を立ち上げました。本団体は、留学生に地域での思い出を作ってもらうために、季節ごとに留学生を対象としたバスツアーを企画・運営し、留学生が大学生や地域の方々と交流する機会を作っています。

　立ち上げた時の課題は資金面でした。留学生から大金を頂くわけにはいかず、かといって自分達での資金調達ルートは持っていませんでした。当時、支援元を探し応募したところ、まちづくり活動応援補助金事業に採択され、活動を行うことができました。これも大学の職員の方に相談し、補助金事業があることを教えて頂き自分で行動に移した結果でした。

　SDGsの取り組みにおいて、一歩踏み出すのは経営者自身であっても、相談に乗ってくれる人、共感し取り組んでくれる仲間、引き継いでくれる後継者、様々な人がいるからこそSDGsに取り組めるのだと考えています。

　一歩踏み出すには勇気が要りますが、踏み出せば自分が想像しているよりも自分ができること、人が助けてくれることは多いです。
　本団体は現在はさらにパワーアップして、多国籍カフェや他のサークルとの合同イベントも行なっており、陰ながら応援しています。

SDGs実践事例
からわかること

　CHAPTER 3とCHAPTER 4では、実践事例を多数紹介
してきました。このCHAPTERでは、これらの事例を振り返
りながら、それぞれの特徴や共通点などを分析してみました。
SDGsと使命感、SDGsと共創、SDGとDXなどについてご
説明していきます。

SDGsとパーパス経営 （SDGsと使命感①）

SDGsの実践事例を使命感の観点で分析します。

1 SDGsとパーパス経営

　SDGsの実践事例は、自社の経営理念や創業精神と通ずる活動でした。企業の存在意義を示す言葉として「パーパス」があります。企業の存在意義を明確にし、社会に貢献する経営を実践することを**パーパス経営**と呼びます。パーパスは、社会に対する企業の「志」という言葉に換言できます。経営理念はミッション、経営の方向性を示すものであり、企業が何を実現したいのかを示します（What）。一方パーパスはなぜ会社を起こしたのか、創業の精神を示します（Why）。SDGsの実践、そしてサステナブル（持続可能）な経営を実践するにあたり、自社の社会的な在り方（存在意義）、「志」、つまり「パーパス」は何なのかを改めて見つめ直す必要があります。

2 経営者のメッセージ

　SDGsに取り組むには、トップ自らの強い意志が大切です。トップの強い意思表明や宣言により社員が社会の中での自社の使命を自覚し、実践に移すことができます。組織で新たな取り組みを普及促進させる際、経営者と社員の間にある価値観や行動のモチベーションの違いによる深い溝（キャズム）を乗り越えなければなりません。経営者は、新たな取り組みを実行まで見届ける、完遂するという安心感を組織に醸成することで、組織で着実に業務を遂行し、長きにわたり事業を発展させていく人材の理解を得ることができます。

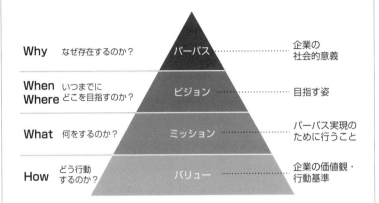

FIGURE 55 パーパスの説明

Why	なぜ存在するのか？	パーパス	企業の社会的意義
When / Where	いつまでに どこを目指すのか？	ビジョン	目指す姿
What	何をするのか？	ミッション	パーパス実現のために行うこと
How	どう行動するのか？	バリュー	企業の価値観・行動基準

出典：パーパスとは？ビジネスでの意味やパーパス経営の事例を紹介 | NEC ソリューションイノベータ（nec-solutioninnovators.co.jp）を元に作成。

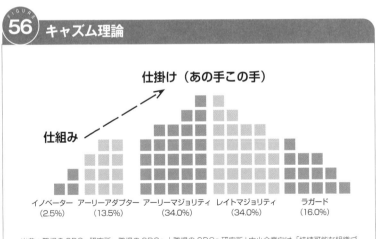

FIGURE 56 キャズム理論

仕掛け（あの手この手）

仕組み

イノベーター (2.5%)	アーリーアダプター (13.5%)	アーリーマジョリティ (34.0%)	レイトマジョリティ (34.0%)	ラガード (16.0%)

出典：職場の SDGs 研究所　職場の SDGs | 職場の SDGs 研究所 | 中小企業向け「持続可能な組織づくりと SDGs・ESG 経営」（syokuba-sx-lab.com）を元に作成。

CHAPTER 5　SDGs 実践事例からわかること

105

社会課題の解決
（SDGsと使命感②）

SDGsの実践事例を使命感の観点で分析します。

1 社会課題の解決

　SDGs の取り組みとは、**社会課題の解決**を意味します。実践実例
では、社会課題の解決方法として、経営者の問題意識、社員や地域
からの声を起点とし、自社事業や自社の強みを生かした取り組みが
ありました。社会課題から SDGs 実践のヒントを得るためには、
新聞やテレビ、インターネットでの情報収集はもちろん、様々な場
所に足を運び、自ら見て聞いて感じることを通して、顧客、社会が
自社に何を求めているのか、自社に何を期待されているのか考える
ことが大切です。想定していなかった分野で自社事業との関係性が
見つかったり、アイデアや出会いが生まれることもあります。

　社会課題を自社事業まで落とし込むことができれば、その後の進
め方は、通常のビジネスと同じです。

2 Will/Can/Must

　Will/Can/Must とは、自社が実現したいこと・企業理念・戦略
（Will）、自社の強み（Can）、社会から求められていること・市場規
模（Must）を意味します。主にキャリアプラン構築などの目標設
定におけるフレームワークに使われますが、SDGs の取り組みにも
活用できます。

SDGs 実践事例では、Will/Can/Must が重なるコア事業が他社との差別化となり、SDGs の取り組みに繋がっていました。

自社事業を Will/Can/Must で整理することは、自社に相応しい社会課題を選定するツールとなります。

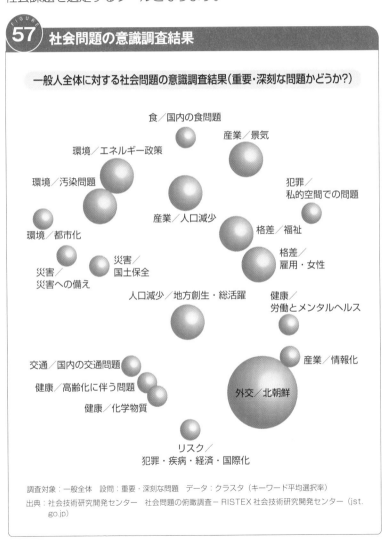

57 社会問題の意識調査結果

一般人全体に対する社会問題の意識調査結果（重要・深刻な問題かどうか？）

食／国内の食問題
産業／景気
環境／エネルギー政策
環境／汚染問題
犯罪／私的空間での問題
産業／人口減少
環境／都市化
格差／福祉
災害／国土保全
格差／雇用・女性
災害／災害への備え
人口減少／地方創生・総活躍
健康／労働とメンタルヘルス
交通／国内の交通問題
産業／情報化
健康／高齢化に伴う問題
外交／北朝鮮
健康／化学物質
リスク／犯罪・疾病・経済・国際化

調査対象：一般全体　設問：重要・深刻な問題　データ：クラスタ（キーワード平均選択率）
出典：社会技術研究開発センター　社会問題の俯瞰調査－ RISTEX 社会技術研究開発センター（jst.go.jp）

SDGsと共創

SDGsの実践事例を共創の観点で考えます。

1 取り組みの共感

　経営者の想いに共感してくれる仲間を増やすことは、共創を生み出しSDGsの達成に繋がります。仲間を増やすことは、単純に仲間の数を増やすことだけでなく、今いる仲間（社員）に経営者自身と同じ方向を向いてもらうということも意味します。社内でも共通言語であるSDGsが浸透し、共創を生み出すことで**ワンボイス化**が進み、**セクショナリズム**打破にも繋げていくことができます。

　トヨタ自動車の豊田前社長は過去に、「求められるリーダーシップは根回しでなく、この指止まれです。皆さん、私たちと一緒に自動車の未来を作りませんか？ご賛同いただける方、この指止まれ！」と話しました。

2 機関や自治体に相談

　機関や自治体に相談したという事例も多くありました。地域にも中小企業のSDGsの取り組みを支援する団体や組織はあります。相談機関の中には補助金事業を行う機関もあり、相談により解決策が生まれるだけでなく、財政面や人材不足の課題解決の糸口ともなり、実行への手助けとなることもあります。これは、SDGsが国を挙げて取り組んでいることであり、国が決定する施策には予算がつくからです。予算がつけば、その施策を推進するための事業に補助金・助成金という形で分配されます。

SDGs に限らず、人に話すことで別の視点や考え方、切り口のアドバイスが得られることもあります。

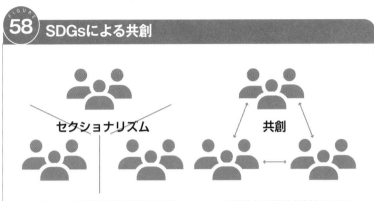

58 SDGsによる共創

セクショナリズム　　　　　　共創

自分のチームや部署の利益や効率を優先し、
他の部署に対して非協力的

組織全体の利益や効率性のために
部署やチームが協力し合う状態

出典：セクショナリズムの原因と解決策。組織の生産性を高めるには IHR 大学（hrbrain.jp）

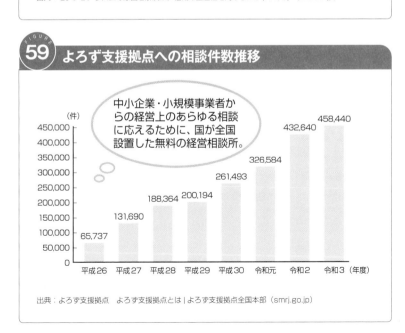

59 よろず支援拠点への相談件数推移

中小企業・小規模事業者からの経営上のあらゆる相談に応えるために、国が全国設置した無料の経営相談所。

(件)

	65,737	131,690	188,364	200,194	261,493	326,584	432,640	458,440
	平成26	平成27	平成28	平成29	平成30	令和元	令和2	令和3（年度）

出典：よろず支援拠点　よろず支援拠点とは｜よろず支援拠点全国本部（smrj.go.jp）

SDGsとパートナーシップ

SDGsの実践事例を共創の観点で分析します。ここでは、パートナーシップについてもご説明していきます。

1 パートナーシップ

他企業との共創によるSDGsの実践事例もありました。ここでは**パートナーシップ構築宣言**をご紹介します。大企業と中小企業が共に成長できる持続可能な関係を構築するために2020年7月、内閣府主導でパートナーシップ構築宣言が公表されました。

パートナーシップ構築宣言は、企業規模の大小に関わらず、発注者の立場で自社の取引方針を宣言するものです。取引先とのパートナーシップを強化し、両社の成長と分配の好循環を目指します。より多くの企業が宣言することで、サプライチェーン全体での付加価値向上の取り組みや、規模・系列などを越えた**オープンイノベーション**などの新たな共創を促進します。

下請振興法に基づいて下請取引の望ましい在り方を示す**振興基準**（経済産業大臣告示）が2022年7月に改正されたことにより、パートナーシップ構築宣言を行うことは親事業者の努力義務として位置付けられました。

パートナーシップ構築宣言を行うことは、国際社会共通の目標に向かって取り組んでいることを意味し、企業の社会的責任を果たすことにも繋がります。

パートナーシップ宣言は大企業だけの話ではありません。中小企業でも何らかの物品や資材を仕入れており、発注者の立場でもあるからです。

　パートナーと社会課題を共有し、協働することでそれぞれの強みを生かし、SDGsの取り組みが実践できます。

FIGURE 60 パートナーシップ構築宣言のイメージ

原材料価格が上がった…
労務費が上がった…
どうしよう

受注者

取引対価の見直し　　望ましい取引慣行
（価格協議に応じるなど）

わかりました。
仕入価格に反映しましょう！

宣言

発注者

出典：日本商工会議所　パートナーシップ構築宣言－取引先と共存共栄関係を築きませんか？（jcci.or.jp）

SDGsとコレクティブ・インパクト

SDGsの実践事例を共創の観点で分析します。

1 コレクティブ・インパクト

コレクティブ・インパクトとは、パートナリング強化の潮流として立場の異なる組織（行政機関、民間企業、NPO法人、財団など）が、組織の壁を越えてお互いの強みを出し合い、社会課題の解決を目指すというアプローチで、以下の5つの要素があります。

1. **共通のアジェンダ**……すべての参加者がビジョンを共有していること。
2. **評価システムの共有**……取り組み全体と主体個々の取り組みを評価するシステムを共有していること。
3. **活動をお互いに補強しあう**　各自強みを生かすことで、活動を補完し合い、連動できていること。
4. **継続的なコミュニケーション**……常に継続的なコミュニケーションを行えていること。
5. **活動を支える組織**……活動全体をサポートする専任のチームがあること。

2 エコシステムの構築

コレクティブ・インパクトの実現に向け、「社会課題の解決」という共通ゴールの下、各プレイヤーが自身の特長を踏まえた**エコシステム**の構築、つまり連携・協業しながら、共存・共栄していくために、お互いの収益に貢献し合える仕組みが必要です。

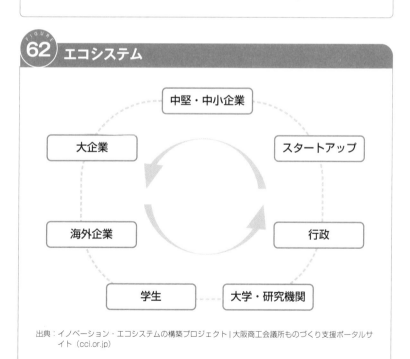

61 コレクティブ・インパクト

社会的視点　利潤追求

セクター(国、団体、地域 etc.)間
<社外>
企業間
職場(部署)間
<社内>
職場（部署）内

出典：コレクティブインパクト・リーダーシップ ® コース（研修）（jmam.co.jp）

62 エコシステム

中堅・中小企業

大企業　スタートアップ

海外企業　行政

学生　大学・研究機関

出典：イノベーション・エコシステムの構築プロジェクト | 大阪商工会議所ものづくり支援ポータルサイト（cci.or.jp）

SDGsとビジネスモデル

SDGsの実践事例をビジネスモデルの観点で分析します。

1 業界のボーダーレス化

製造業であっても、製造のみを行いSDGsを達成することは難しいです。設計から製造販売まで、そして回収、再資源化まで一連で行う事業が増えています。

ニトリグループは、「住まいの豊かさを世界の人々に提供する」というロマンのもと、"製造物流IT小売業"という一気通貫のビジネスモデルを構築しています。このビジネスモデルは、サステナブルな視点から全体最適を考えたアクションを可能にし、環境・社会課題の解決に貢献しています。

トヨタ自動車はトヨタを自動車を作る会社から、モビリティカンパニーに転換しています。モビリティカンパニーの元となるモビリティコンセプトとは、クルマの価値を高め、さらに、新しいモビリティや移動の自由を広げ、社会システムの一部として、新たなサービスや**エネルギーソリューション***を提供することです。

このように、自社の製品やサービスが業界を超えて、社会全体に与える影響を考えることがSDGsの実践に繋がります。

***エネルギーソリューション** 再生可能エネルギーを普及させてカーボンニュートラルな社会を実現するための様々な事業やシステムの総称。

2 SDGs時代の経営

SDGs 時代の経営とは、業界や既存のサプライチェーンの枠組みに捉われず、自社を社会で構築されるビジネスネットワークのどこに位置させるかを考え実践することです。

単体のモノが価値を生み出す時代から、モノ同士やモノと人との繋がりが価値を生み出す時代に変わりつつあります。今後は、製品やサービスの設計・運用は、コンポーネントベースからシステム全体で考えるシステム思考へシフトしていかなければなりません。

3 SDGsとイノベーション

SDGs の実践とは、ビジネスを価値転換しイノベーションを起こすことです。ビジネスの価値転換とは、従来無意味だと思われていたものに意味を持たせ、新しいビジネスモデルを創造することです。そのために、既存顧客の要求を満たし利益を上げるというプラットフォームに留まらず、社会をよく見て考え抜いた上で、時には既存のビジネスモデルを内側から解体し、新しいものを作ります。

トレンドを追うこと自体がトレンドで無くなった今、イノベーションを起こし社会を熱狂させるには、社会批判する姿勢も求められます。

ビジネスを価値変換し
イノベーションを起こす
ことがSDGs！

SDGsと循環

SDGsの実践事例を循環の観点で分析します。

1 三方よし

三方よしとは、売り手、買い手、世間、三方向すべてが満足する商売のことを意味します。現在の滋賀県にあたる近江に本店を置き、江戸時代から明治時代にわたって日本各地で活躍していた近江商人が大切にしていた考えです。近江商人は信頼を得るために、売り手と買い手が共に満足し、さらに社会貢献もできるのが良い商売であると考えていました。この近江商人が残した「売り手の都合だけではない、買い手のことを第一に考えた商売と商いを通じた地域社会への貢献」を表す「三方よし」の経営哲学は、SDGsの理念とも合致するものです。現代は多様なステークホルダーが存在するため、そのステークホルダーにも利益があるか考える必要があります。他者への利益を考える利他主義は、最善で合理的な利己主義です。つまり、他者への利益となる行動をすることは、自己への最大の利益ともなるのです。

2 相互関連性

SDGsの目標は相互に関わります。互いに影響し合う目標もあれば、複数の目標を同時達成することもあります。逆に言えば1つの目標を達成しようとすれば、複数の目標への影響を考慮しなければなりません。どうすれば好循環を作ることができるかの仮説、検証を繰り返します。

SDGsとDX

SDGsの実践事例をDXの観点で分析します。

1 中小企業にとってのDX

DXとは、Digital Transformation（**デジタルトランスフォーメーション**）の略で、データやデジタル技術を使って、顧客目線で新たな価値を創出していくことです。経営者に求められるのは、目指すべき将来を描き、その実現のために解決すべき課題は何かを明確にすることです。そして、これらの課題解決のためにはどのように仕事のあり方や組織文化を変革していくのか、そのためにどのようにデジタル技術を活用していくかという観点から、中長期的な目線で実現に向けた戦略を組み立て、外部の力の活用も含め、その推進に必要な人材の確保・育成に取り組んでいくことが必要になります。

経営者が即断・即決することで新たな取り組みを行いやすい中小企業は、巨大な組織や人員・従来のビジネスモデルを抱える大企業に比べて、変革スピードの点において、大きなアドバンテージを持ち得ると考えられます。

2 DX推進によるSDGs達成

日本政府のアクションプランにも「**ICT**分野の研究開発、**AI**、**ビッグデータ**の活用」と記載されているように、DXがSDGs達成のカギの1つとなります。経団連でも「SDGs達成に向けたデジタルトランスフォーメーション（DX）」と題された分科会が開催されており、DXを通じてグローバルな課題を解決しつつ経済成長を遂げる

という枠組みで議論が行われています。DX によって企業のビジネスモデルや社会が変わり、AI やビッグデータなど新たなテクノロジーを人間が使いこなせるようになれば、これまでの社会課題が解決され、誰もが必要なモノ・サービスを享受できる社会が実現するでしょう。中小企業においても、DX の取り組みは進展しつつあります。

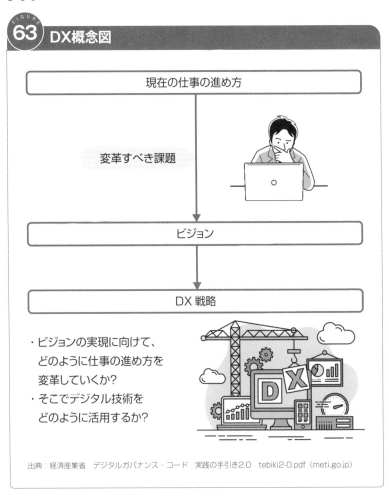

出典：経済産業省　デジタルガバナンス・コード　実践の手引き2.0　tebiki2-0.pdf（meti.go.jp）

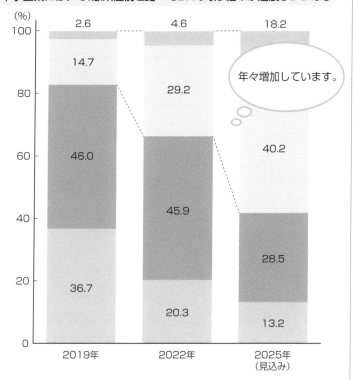

FIGURE 64 中小企業のDX取り組み状況

中小企業において、感染症前と比べてDXの取り組みが進展しつつある

年々増加しています。

- 段階1：紙や口頭による業務が中心で、デジタル化が図られていない状態
- 段階2：アナログな状況からデジタルツールを利用した業務環境を移行している状態
- 段階3：デジタル化による業務効率化やデータ分析に取り組んでいる状態
- 段階4：デジタル化によるビジネスモデルの変革や競争力強化に取り組んでいる状態

※2019年の母数は6,557、2022年は6,620、2025年（見込み）は6,281

出典：2023年版　中小企業白書・小規模企業白書　2023年版中小企業白書・小規模企業白書　概要案（meti.go.jp）

SDGsと情報発信

SDGsの実践事例を情報発信の観点で分析します。ここでは
SDGsにおける情報発信の特徴をお伝えします。

1 SDGsの視認性

SDGs は世界共通言語であることに加え、17目標の**ピクトグラ
ム**やバッジなど、視認性の強いツールがあり、これらも効果的に活
用できます。企業にも、自社の技術・製品・サービスの強みを
SDGs と関連付けて説明し、魅せ方の発信強化が求められます。

2 SDGsのストーリー性

SDGs を発信することは、企業理念、ビジネスモデル、価値創造
を説明する時のストーリー性を持たせます。モノが溢れている今の
時代は、こだわりや思いなど、特にストーリーや在り方が問われる
時代です。各取り組みを完全に分けて発信するのではなく、企業全
体のストーリーを示すことで、より関心を集められます。

3 SDGs発信の工夫

沖縄県の旅行代理店、沖縄ツーリストは、県内の SDGs リーダー
たちを訪ねて交流するバスツアーシリーズを企画しています。使用
するバスは走行時の CO_2 排出量ゼロの **EV** バス、ペットボトルの持
ち込みは禁止でマイ水筒を持参、昼食はビュッフェ形式を止めて1
人1膳としフードロスの軽減にも努めています。SDGs の取り組み
を通し、ツアー参加者に SDGs を意識してもらうことで、地域に
根ざす SDGs の輪を広げています。

4 任意開示の戦略的活用

SDGs に取り組む企業は、有価証券報告書に加え、事業報告やコーポレートガバナンス報告書など法令や取引所のルールで求められる書類、あるいは統合報告書、サステナビリティレポート、中期経営計画、IR ウェブサイト、サステナビリティウェブサイトなど様々な任意の媒体で情報開示に取り組んでいます。

これらの開示媒体はそれぞれ媒体ごと・企業ごとに説明の力点の置き方や情報の網羅性、開示対象として想定する主体が異なりますが、有価証券報告書と整合的かつ補完的な形で人的資本への投資や人材戦略、関連する目標・指標を積極的に開示し、様々なステークホルダーへの発信と対話の機会として戦略的に活用していくことが重要となります。

FIGURE 65 沖縄ツーリスト 首里城販売＆SDGs応援バッジ

売り上げの25%を2019年10月に焼失した首里城復興や、子どもの貧困対策など沖縄県が進めているSDGs活動に寄付します。

出典：首里城復興＆SDGs 応援バッチ特設サイト | 沖縄ツーリスト（otsinfo.co.jp）

66 情報開示書類などの類型

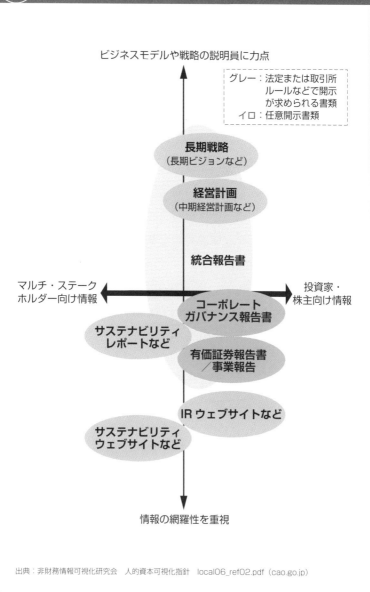

ビジネスモデルや戦略の説明員に力点

グレー：法定または取引所
　　　　ルールなどで開示
　　　　が求められる書類
イロ：任意開示書類

長期戦略
（長期ビジョンなど）

経営計画
（中期経営計画など）

統合報告書

マルチ・ステーク
ホルダー向け情報

投資家・
株主向け情報

コーポレート
ガバナンス報告書

サステナビリティ
レポートなど

有価証券報告書
／事業報告

IR ウェブサイトなど

サステナビリティ
ウェブサイトなど

情報の網羅性を重視

出典：非財務情報可視化研究会　人的資本可視化指針　local06_ref02.pdf（cao.go.jp）

Column

口コミの大切さ

　今や衣・食・住、すべての情報収集において口コミを参考にする人は多いのではないでしょうか。食べログ3.5以上のお店には絶対的な信頼を置くいわゆる"食べログ信者"という方もいるかもしれません。誰もが発信者になれる現代の情報発信において、口コミは重要な要素を担っています。

　私はゆうこすさんこと、菅本裕子さんの大ファンです。ゆうこすさんは、「モテクリエイター」という新しい肩書で起業し、経営者、タレント、モデル、インフルエンサーとして活躍しています。私はゆうこすさんの営業担当のような役割を担っていると思っています。正式な役職があるわけではありません。ファンとして彼女の作る商品や考え方に共感する部分、応援したい部分は、無償の愛をもって積極的に人に伝え、発信しています。

　今回紹介しているSDGsの取り組みにおいても、自社自身での発信ももちろん重要ですが、第三者による評価、発信の効果は、自社の発信と同じくらい、もしくはそれ以上に高いです。

　SDGsの好循環を生み出すことができれば、広告費をかけず、いわば自然の流れにより、消費者による自発的広告が世の中に流れていき、必要としている人に届きます。

　このように誰もが発信できる現代では、道行く誰もが営業担当となり、発信者、広告塔となれるのではないでしょうか。

MEMO

中小企業がSDGsに
取り組む意義

　このCHAPTERでは、これまで紹介してきました実践事例を踏まえて、中小企業がSDGsに取り組む意義について考えていきたいと思います。企業価値やビジネス、また、近年話題となっているESGやダイバーシティ経営などについても解説していきたいと思います。

中小企業がSDGsに取り組む メリット

中小企業がSDGsに取り組むメリットを3つの分類で考えてい
きましょう。

1 経済面でのメリット

SDGsの取り組みをきっかけとして「地域社会に貢献する企業」
というブランドイメージを確立することで、現在の事業や新規事業
の拡大に繋がり、中長期的にビジネスチャンスを広げることができ
ます。短期的にも、SDGsと商品やサービスを関連付けて訴求すれ
ば、販売促進効果を得られます。またSDGsの取り組みそのもの
がコスト削減や生産性向上に繋がることもあります。SDGs化して
いく取引のサプライチェーンから外されない効果もあります。

2 社会面でのメリット

SDGsに取り組むことは、ステークホルダーとの関係強化に繋が
ります。SDGsは企業と国・自治体・NGO / NPO・金融機関など、
社会的課題に取り組むために相互に協力できるパートナーを結びつ
け、協働の機会を創造します。

またSDGsの取り組みは人材面、採用面でも大きな効果を発揮
します。教育現場ではSDGs教育を強化しており、今後優秀な人
材はSDGsを実践する企業に集まります。既存社員は、自分の活
動が世界のどの課題に関連しているかが理解でき、世界の社会・環
境問題に対処している自覚が生じます。

自分の活動が「世のため、人のため」にもなっていると意識できることには大きな意義があり、働きがい向上による生産性アップが見込めるなど、仕事へのモチベーション向上、定着率向上にも繋がります。

3　環境面でのメリット

　SDGs への身近な取り組みとして、エネルギーや水といった資源を削減するというものがあります。また、資源の**3R**（リデュース、リユース、リサイクル）を行うことにより、資源を大切にして地球にやさしい企業体制を作ることは、そのまま地元の環境保全へ貢献することに繋がります。地方にとって大きな財産である自然を守るという取り組みは、その地を拠点に地域密着で活動する中小企業においては、大きな意味を持つ取り組みです。

経済、社会、環境の
３つの面からバランスよく
考える必要があります。

ビジネスにおけるSDGsの存在

ビジネスにおけるSDGの意味を改めて考えましょう。

1 SDGsはビジネスの共通言語

SDGs が世界の共通言語として数年経った今、ビジネスの共通言語となり、政府や企業が一丸となって動き始めています。ビジネスの共通言語となった今、SDGs は企業評価においても重要視される、評価項目の1つとなっています。

企業の経済的な活動のみではなく、社会的な責任に関する社会の関心や企業経営者に求められる役割については、大企業のみに課された課題ではなく、日本経済を根底から支えている中小企業の経営者にとっても重要です。流通大手、最終製品の製造企業が SDGs 化すると、その取引企業も SDGs 化せざるを得ません。

特に今後は、中小企業においても、取引企業からの調達条件や取引条件として、社会的課題への対応のあり方がこれまで以上に問われていきます。先行して自社を SDGs 化できれば、取引上の優位性を確保できるチャンスにもなります。

ビジネスの棚卸の役割

　SDGsの取り組みにより、経営理念やビジョンを見つめ直し、社会的役割を発信することで自社のビジネスを棚卸することができます。企業には理念という、理想とする未来の姿が描かれています。SDGsの目標、ターゲットは、自社にとってのTo Doリストとなります。リストを分析し自社と関係があるものを洗い出すことは、ビジネスのヒントとなります。SDGsの目標に照らし合わせれば、客観的な議論を進められます。

　SDGsは現在の世界におけるリスクも列挙しています。人権、環境、法令、調達リスクなどです。SDGsを使ってリスク管理項目の見直しを行い、リスクの顕在化を防ぐことができます。

SDGs∞（メビウス）モデル

　石川県に本社を置くパーティション製造メーカー、コマニー株式会社＊では、SDGsを経営に実装し社会課題を解決することを通じて企業価値を最大化し、同社の目指す「関わるすべての人の幸福に貢献する経営」を行うために作成した価値創造モデルを作成しています。

　プロダクト・サービスでは同社の事業領域やお客様において、ガバナンスでは関わる各ステークホルダーの幸福において、それぞれSDGsのどの目標実現に貢献できるかを表しています。

＊**コマニー株式会社**　パーティション（間仕切）の専業メーカーとして、オフィス空間をはじめとする工場、病院、学校など様々な「間」の価値を創造している。

SDGsと企業価値

SDGsと企業価値の関係性を考えましょう。

1 現代の企業価値

　過去の企業価値は経済価値で評価されていましたが、現代では経済的価値と社会的価値を両立させた統合的価値での評価にシフトしました。統合的価値へのシフトに伴い、企業経営のゴールも変化しました。株主資本主義からステークホルダー資本主義に変化し、短期視点の株価向上に留まらない、中長期的視点での企業価値創出が求められる時代が到来しています。

2 統合的価値の追求

　SDGsへの取り組みは、顧客、金融機関、投資家、従業員など、企業のあらゆるステークホルダーに対して自社のブランドをアピールする大きな力となり、ステークホルダーとの関係性を改善・発展させ、企業の社会的価値の向上に繋がります。

　SDGsでは企業の本業力を使って創造性とイノベーションを起こし、社会課題を解決するという本業活用が推奨されているという点で、統合的価値が追求できます。企業は、経済的価値と社会的価値両面への配慮を事業の中核に位置付け、付加価値創出のための新たな優位性構築手段とすることの重要性が高まっています。

　従来の財務諸表では表現されていなかった社会的インパクトを会計上に織り込む、**インパクト加重会計**という考え方も出てきています。

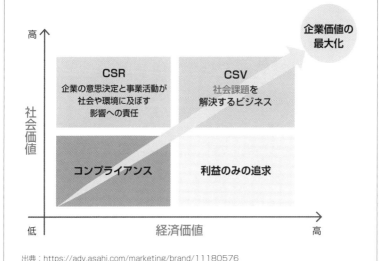

FIGURE 67 SDGsを通した企業価値最大化

企業価値の
最大化

高 ↑

社会価値

CSR
企業の意思決定と事業活動が
社会や環境に及ぼす
影響への責任

CSV
社会課題を
解決するビジネス

コンプライアンス

利益のみの追求

低 | 経済価値 **高** →

出典：https://adv.asahi.com/marketing/brand/11180576

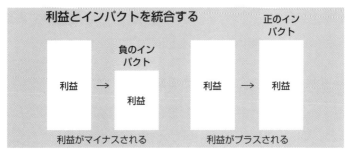

FIGURE 68 インパクト加重会計の基本的考え方

利益とインパクトを統合する

正のインパクト

負のインパクト

利益 → 利益

利益 → 利益

利益がマイナスされる

利益がプラスされる

例えば利益を得るために環境汚染をしていたらマイナス、通常より多くの給与・福利厚生の人的投資がある企業はプラスといった様々なインパクトを金額換算し、利益に組み込む。

出典：利益と社会的インパクトを統合しようとする試み「インパクト加重会計」｜チャーリー（note.com）

SDGsとESG

SDGsとESGとの関係性を考えましょう。

1 ESG経営と経済価値

ESG（環境・社会・企業統治）の取り組みが財務や株価に与える効果を数値で示す企業も出てきました。

競争優位性のある事業活動によってステークホルダーの抱える課題を解決することで収益を得て、それを利益分配と更なる課題解決に向けた再投資に充てながら長期的かつ持続的に企業価値を向上させていくことで、社会、環境への優しさと経済性を同時最適化し、従来の社会的価値、経済的価値のトレードオフを解消する手段となり得ます。社会の課題を解決しつつ、企業が儲かるからこそ持続可能性が高まるのが SDGs のモデルです。

近年、**SDGs 債**が注目を集めています。SDGs 債は、環境・社会課題解決を目的として発行され、複数の投資家から集められた投資資金は、直接金融市場を通じて SDGs 達成に貢献します。

2 企業価値はみんなで決める時代

企業価値、特に社会的価値はみんなで決める時代です。ESG 投資においては、企業が生み出す経済的価値を毀損することなく、社会全体の社会的価値を創造することが期待されています。

企業価値の向上は企業の問題だけではありません。SDGsに取り組む企業が業界での価格競争から脱却し、競合他社と差別化し競争優位に立つためには、投資家は、長期にわたって存続するような企業を選別して投資するのではなく、長期にわたって存続するような企業になるように、投資家自身が深く企業に関与することがその姿勢として求められています。

　そのためには、企業の社会的価値評価は投資家だけではなく、社会で生活する人々全員が考えなければなりません。持続可能な経営を実践する中小企業が社会的に評価されていくことによって、日本における中小企業が、これまで日本の経済社会に永らく存在し続けてきたことに対する正当な評価にも繋がっていくことに期待したいです。

69 ESGの財務影響を示した企業や研究例

日立製作所	環境や従業員多様性の取り組みが投下資本利益率を1ポイント押し上げ
SOMPOホールディングス	従業員の満足度が高い営業店は予算達成割合が2割高い
エーザイ	88のESG指標とPBRの関係を分析
NEC	部長級以上の女性管理職1%増加で7年後のPBR3%向上
アクセンチュア	女性役員比率など企業価値に影響のあるESG指標を分析、KDDIが導入
早稲田大学の黒田祥子教授ら	メンタルヘルス休職者比率の上昇が売上高利益率の低下に

出典：日本経済新聞　日立やSOMPO、ESG効果を財務数値に　投資家に可視化－日本経済新聞(nikkei.com)

企業が取り組みたい
SDGs項目1位は？

企業から最も注目されているSDGs項目について考えていきましょう。

1 働きがいも経済成長も

SDGsの17目標のうち、企業が今後最も取り組みたい項目は「働きがいも経済成長も」が12.6%でトップでした。働き方改革に伴う法的規制が強化されている現状、かつ人手不足が叫ばれる現代で最も注目されています。

長時間労働の是正や休暇制度の創設、人事制度の見直しなど、社員の働く環境や働きがいの改革を行うことは、SDGs目標に結びつきやすいです。SDGsの取り組みは人材面、採用面でも大きな効果を発揮する一方、人材面、採用面に力を入れなければSDGsは達成できないことからも、「働きがいも経済成長も」は企業にとっての最重要課題に位置づけられます。逆にまだ取り組んでいないと思う場合は優先的に取り組むべき項目です。

2 「働きがいも経済成長も」と日本企業の労働環境

2019年4月、働く人々がそれぞれの事情に応じた多様な働き方を選択できる社会を実現するため、**働き方改革関連法**の施行がスタートしました。中小企業も例外ではなく、日本企業の労働環境がSDGsのルールに合致したものに作り替えられることになりました。

その他外国人技能実習生の就労環境の適正化、2023年4月に発足したこども家庭庁を起点として行われる少子化対策など、政府主

134

導による企業への義務付けも強化され、今後ますます「働きがいも経済成長も」の重要性が高まります。

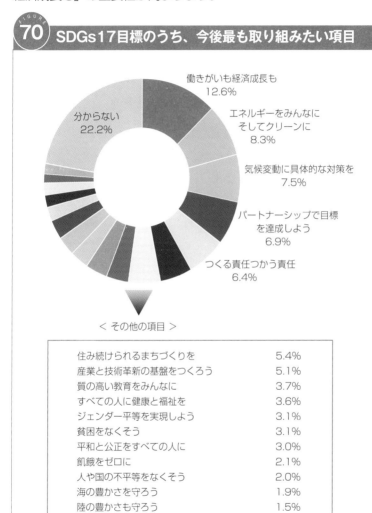

FIGURE 70 SDGs17目標のうち、今後最も取り組みたい項目

働きがいも経済成長も
12.6%

分からない
22.2%

エネルギーをみんなに
そしてクリーンに
8.3%

気候変動に具体的な対策を
7.5%

パートナーシップで目標
を達成しよう
6.9%

つくる責任つかう責任
6.4%

< その他の項目 >

住み続けられるまちづくりを	5.4%
産業と技術革新の基盤をつくろう	5.1%
質の高い教育をみんなに	3.7%
すべての人に健康と福祉を	3.6%
ジェンダー平等を実現しよう	3.1%
貧困をなくそう	3.1%
平和と公正をすべての人に	3.0%
飢餓をゼロに	2.1%
人や国の不平等をなくそう	2.0%
海の豊かさを守ろう	1.9%
陸の豊かさも守ろう	1.5%
安全な水とトイレを世界中に	1.5%

出典：帝国データバンク　https://www.tdb.co.jp/report/watching/press/pdf/p220811.pdf

CHAPTER
6

SDGsとディーセントワーク

ここでは、企業から最も注目されているSDGs項目「働きがい
も経済成長も」について考えましょう。

1 従業員エンゲージメントと業績の関係性

　社員の人権や長時間労働の是正といった働き方改革への対応を怠
ると、業績悪化だけでなくクリーンとは縁遠い企業として認知され
る可能性が高まり、大きな経営リスクとなります。リスクが顕在化
することにより、大きな代償を払うことになることもあり得るため、
「働きがいも経済成長も」に取り組むことは、企業を防衛すること
にもなります。味の素がエンゲージメントサーベイの結果を元に業
績との相関分析を実施したところ、「志への共感」「生産性向上」「顧
客志向」などに関するスコアが、売上高や事業利益と関係している
ことが分かりました。

2 ディーセントワーク

　ディーセントワーク（decent work）とは、日本では「働きがい
のある人間らしい仕事」と訳され、「生きがいを持って安心して働
ける環境づくり」という意味が込められている言葉です。

　「働きがいも経済成長も」、すなわち「持続可能な経済成長および
完全かつ生産的な雇用と働きがいのある雇用の促進」という目標の
中に、ディーセントワーク推進が掲げられています。

　ディーセントワークの進展により、働く上でのルールなどの制度
改正が行われ、日本の労働環境は明らかに変化してきています。

　企業の経営者は、働きがいのある職場環境を作らなければ、労働

力不足の時代に、企業経営の中核である「人」がいないという状態になるかもしれません。

　社員の満足度だけでなく、社員のライフデザイン（人生）の充実や成功を願い、支援することが求められています。キャリアデザイン（仕事）では他社に転職するより今の会社にいた方が、今後も良いキャリアを描くことができ、社会課題の解決にも貢献できるといった積極的な理由で残って活躍し続けてもらえる環境を作ることが、中小企業にも求められます。

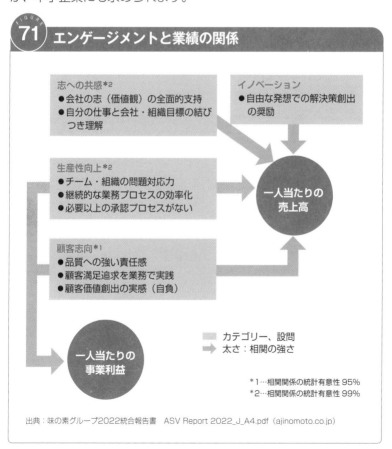

FIGURE
71 エンゲージメントと業績の関係

志への共感*2
●会社の志（価値観）の全面的支持
●自分の仕事と会社・組織目標の結びつき理解

イノベーション
●自由な発想での解決策創出の奨励

生産性向上*2
●チーム・組織の問題対応力
●継続的な業務プロセスの効率化
●必要以上の承認プロセスがない

一人当たりの売上高

顧客志向*1
●品質への強い責任感
●顧客満足追求を業務で実践
●顧客価値創出の実感（自負）

一人当たりの事業利益

▬▬ カテゴリー、設問
➡ 太さ：相関の強さ

*1…相関関係の統計有意性95%
*2…相関関係の統計有意性99%

出典：味の素グループ2022統合報告書　ASV Report 2022_J_A4.pdf（ajinomoto.co.jp）

SDGsとダイバーシティ経営

ここでは、企業から最も注目されているSDGs項目「働きがい
も経済成長も」について考えましょう。

1 ダイバーシティ経営

ダイバーシティとは、「多様性」の意味を持つ言葉です。具体的
には、人種、性別、年齢、宗教、趣味、嗜好など、多様な人材が集まっ
ている状態を指します。

ダイバーシティ経営とは「多様な人材を活かし、その能力が最大
限発揮できる機会を提供することで、イノベーションを生み出し、
価値創造に繋げている経営」と定義されます。「多様な人材」とは、
性別、年齢、人種や国籍、障がいの有無、性的指向、宗教・信条、
価値観などの多様性だけでなく、キャリアや経験、働き方などの多
様性も含みます。「能力」には、多様な人材それぞれの持つ潜在的
な能力や特性なども含みます。「イノベーションを生み出し、価値
創造に繋げている経営」とは、組織内の個々の人材がその特性を活
かし、生き生きと働くことのできる環境を整えることによって、自
由な発想が生まれ、生産性を向上し、自社の競争力強化に繋がると
いった一連の流れを生み出しうる経営のことです。

2 職業観・家庭観の変化

近年、主に若い世代の理想とする生き方は変わってきています。
このような変化を捉え、日本の未来を担う若い世代が、理想とする
生き方、働き方を実現できる社会を作ることこそが、今後の**男女共
同参画社会**の形成促進において重要であり、家族の姿が変化し、人

生が多様化する中で、すべての人の活躍にも繋がるものと考えられています。今こそ、固定的性別役割分担を前提とした長時間労働などの慣行を見直し、「男性は仕事」「女性は家庭」の「昭和モデル」から、すべての人が希望に応じて、家庭でも仕事でも活躍できる社会、「令和モデル」に切り替える時です。

改正**女性活躍推進法**では、一般事業主行動計画の策定が、常時雇用する労働者が301人以上の企業に義務づけられています。2022年4月1日から、101人以上300人以下の企業にも策定・届出と情報公表が義務化されました。また政府は2030年までに女性役員比率を3割以上にするという目標を掲げています。

女性では、若い年代ほど「長く続けたい」、「昇進できる」、「管理職につきたい」と考える割合が大きいです。特に「昇進できる」「管理職につきたい」は、20代と40〜60代で10％以上の差があります。また女性の8割以上、男性の7〜8割が、女性に家事・育児などが集中していることが、職業生活において女性の活躍が進まない理由と考えています。

昇進や管理職に就くことを望む優秀な女性は、今いる企業に満足せず、女性を重要と思っている、トップになれる企業で働くこと、自分自身に能力を付けることを選択します。トップである経営者が企業を変革する活動をしなければ、持続可能でいられない時代に入っています。

4　多様な人材の活躍実現の3拍子

多様な人材の活躍に向けた取り組みを進め、それらを実現していくにあたっては、経営者の取り組み、人事管理制度の整備、現場管

CHAPTER

6

中小企業がSDGsに取り組む意義

理職の取り組みの3拍子を揃えることがポイントとなります。「経営者」「人事」「現場管理職」が、自社の取り組み状況を踏まえ、それぞれにその果たすべき役割を実行していくことで企業は生まれ変わり、強い企業体力をつけていくことができます。まさにこれがダイバーシティ経営なのです。実際に、この3拍子が揃った中堅・中小企業は、それ以外の企業と比較して、人材の採用や定着、売上高・営業利益などの主な経営成果のすべての項目において、より良い結果が出ていることが分かっています。

　経済産業省では、多様な人材の活躍のための土壌が企業内に整備されているか、「経営者」「人事」「現場管理職」別に取り組み状況を見える化できる、「ダイバーシティ経営診断ツール」を改訂しました。

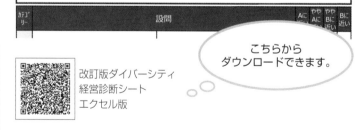

FIGURE 72　ダイバーシティ経営診断ツール

【改訂版】ダイバーシティ経営診断シート（表面）

【記入方法】
・経営方針…AとBのうちいずれに近いかを、現在の状況、今後目指したいものについてそれぞれお選びください。
・企業プロフィール…実際の数字をご記入ください。
・経営者の取組〜成果…「当てはまる」〜「当てはまらない」のうち一つを選び、数字を○で囲んでください。次に、○で囲んだ点数の平均を、カテゴリーごとに算出し、「平均点数」欄にご記入ください。
　※平均点数は他社等との比較でなく、貴社の中での強み・弱みを確認するためのものです。

カテゴリー	設問	Aに近い	ややAに近い	ややBに近い	Bに近い

改訂版ダイバーシティ
経営診断シート
エクセル版

こちらから
ダウンロードできます。

出典：経済産業省　ダイバーシティー経営の推進　多様な人材の活躍を実現するために
2021_03_diversityleaflet.pdf (meti.go.jp)

中小企業とSDGsの相性

中小企業では、SDGsは実践しやすいのですが、その理由について、説明していきましょう。

1 中小企業の経営イノベーション

　SDGs の実践は、経営戦略の1つです。中小企業は、特定の家族や親族が経営している会社組織である家族経営であることが多く、所有と経営の一致などを背景に、小回りの利いた経営やイノベーションに向けた取り組みが可能です。この特徴を活かし、企業の中長期的な成長に向け、SDGs 実践における経営戦略の構想・実行にスピード感と決定力をもって取り組めます。

2 中小企業の事業継承

　2000年以降と比較して足下では、経営者の高齢化が進む一方、直近2年間では高齢の経営者の割合が低下しており、事業承継が一定程度進んでいる可能性が読み取れます。経営者の世代交代は、企業を変革する好機ともなります。事業承継時の経営者年齢が若い企業においては、企業の成長に寄与する事業再構築に取り組んでいます。事業再構築の取り組みなど後継者の新しい挑戦を促す上で、先代経営者は後継者に経営を任せることが重要です。社員から信認を得ることで承継後の事業再構築の取り組みが成長を促します。

　このように、中小企業は組織の特徴や事業継承といった流れを契機に、SDGs の取り組みを加速させることが可能です。

73 年代別に見た中小企業の経営者年齢の分布

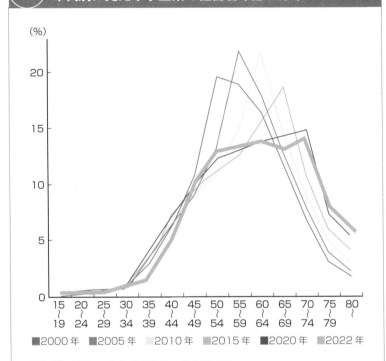

(%)

資料：（株）帝国データバンク「企業概要ファイル」再編加工

■2000年　■2005年　■2010年　■2015年　■2020年　■2022年

足下では経営者年齢の
多い層が分散しており、
事業承継が進んでいる
可能性があります。

74 取り組み状況

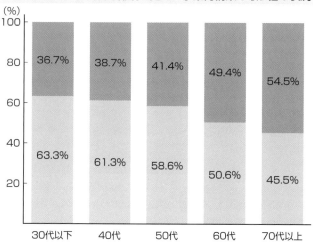

事業承継後に実施した事業再構築の効果（売上高の増加）

1.7%

| 25.0% | 51.9% | 8.7% | 12.7% |

- 大きく寄与した
- ある程度寄与した
- あまり寄与しなかった
- まだ効果が出ていない・分からない
- ほとんど寄与しなかった

事業承継時の経営者年齢別に見た、事業再構築の取り組み状況

(%)

	30代以下	40代	50代	60代	70代以上
取り組んでいない	36.7%	38.7%	41.4%	49.4%	54.5%
取り組んでいる	63.3%	61.3%	58.6%	50.6%	45.5%

- 事業再構築に取り組んでいる企業
- 事業再構築に取り組んでいない企業

注：1) ここでいう事業再構築とは、新たな製品を製造または新たな商品もしくはサービスを提供すること、製品または商品もしくはサービスの製造方法または提供方法を相当程度変更することを指す。
2) 上図の母数は1,687、下図の母数は30代以下が667、40代が1,212、50代が723、60代が310、70代以上が22。

資料：(株) 帝国データバンク「中小企業の事業承継・M&Aに関する調査」(2022年12月)

> 事業再構築は売上高増加に寄与し、承継時の経営者年齢が若い企業ほど取り組む傾向にある。

出典：2023年度版中小企業白書・小規模企業白書
2023年版中小企業白書・小規模企業白書概要案
(meti.go.jp)

Column

働く意味を考える

　終身雇用の時代は変わり、今や転職が当たり前になりました。お金さえ払えば社員が働く時代ではありません。その中でも自社で働くことを社員に選択してもらうために、企業に求められる役割も変わってきています。

　労働環境が厳しさを増す中で、働く意味を考え直す人が増えています。企業には社員に給料を与えるという側面だけでなく、社員のやりがいや楽しさ、自己実現の一助を担う役割が企業にも求められています。社員への向き合い方、対応がSDGsの実践に繋がります。

　私自身、働くかどうかの判断基準として、ボランティアでも、無給だったとしてもやりたいと思えることに取り組みたいと常に思っています。学生時代のアルバイトから社会人になった今まで、自分のため、家族のため、社会のためにやりたいと思える仕事かどうかを判断基準にしてきました。本書の執筆も、読者の方に価値を提供したい、自分自身も成長したいと思ったため行っています。

　社会貢献に興味のある人の中で、自分の仕事のスキルを活かした**プロボノ**という活動を始める人もいます。プロボノ (pro bono) とは、職業上のスキルや経験を生かして取り組む社会貢献活動のことで、ラテン語の「Pro bono publico（公共善のために）」が語源と言われています。自発的な（無償での）社会貢献活動のことをまとめてボランティアと言うため、プロボノもボランティアの一種です。ボランティアの中で「職業上のスキルや経験を生かして社会課題に対して取り組んでいる」場合、プロボノに分類されます。

7

これからの
中小企業のSDGs

最後のCHAPTERでは、これからSDGsが向かう方向について解説していきたいと思います。地方創生や企業ブランディング、サステナビリティ、また、近年話題となっているGXやSociety5.0についても解説していきたいと思います。

SDGsと地方創生

SDGsと地方創生は、非常に密接な関わりを持ちます。地方創生に関連した政府の取り組みを見てみましょう。

1 地方創生に向けたSDGsの推進

地方創生とは、東京への人口集中による地方の人口減少を是正し、日本の活力向上を目指す一連の政策です。

SDGsの目指すゴールは、地域課題にも当てはまるものが多く、持続可能なまちづくりや地域活性化に向けて取り組みを推進するにあたっては、SDGsの理念に沿って進めることにより、政策の全体最適化、地域課題解決の加速化という相乗効果が期待でき、地方創生の取り組みの一層の充実・深化に繋げることができます。

2021年12月SDGs推進本部が決定したSDGsアクションプランは、SDGs実施指針に基づき、2030年までに目標を達成するために日本政府が行う具体的な施策を整理しています。SDGsアクションプランの中では、地方創生に向けたSDGsを推進することが述べられています。

特に、地方の中堅・中核企業は雇用などの面で地方経済の中心的役割を担っており、こうした企業において持続的に高い利益を生み出し、若者・女性が活躍できる雇用を創出することは重要です。地域に根ざす中小企業には、地方創生への貢献が求められます。

2 SDGs未来都市／自治体SDGsモデル事業

政府は、地方公共団体によるSDGsの達成に向けた優れた取り組みを提案する都市を「SDGs未来都市」として選定しています。

また、特に先導的な取り組みを**自治体SDGsモデル事業**として選定し、補助金による支援を行っています。

「自治体SDGsモデル事業」とは、SDGsの理念に沿った経済・社会・環境の三側面の統合的取り組みによる相乗効果、新しい価値の創出を通して持続可能な開発を実現する取り組みであり、多様なステークホルダーとの連携を通し、地域における自律的好循環が見込める、特に先導的な事業です。

成功事例の普及展開を行い、全国の地方創生の深化に繋げる狙いがあります。企業にとってはSDGsを共通言語に、実証実験などを行えるチャンスです。知名度やイメージの向上にも繋がり、製品やサービス開発に向け、自治体との連携によって通常得られないデータも取得できます。

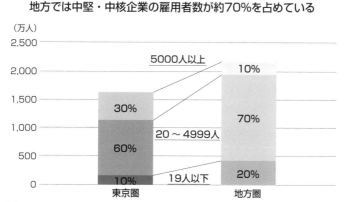

75 地域別・常用雇用者規模別に見た常用雇用者総数

地方では中堅・中核企業の雇用者数が約70%を占めている

資料：総務省・経済産業省「平成28年経済センサス―活動調査」
（注）1．ここでいう東京圏とは、東京都、埼玉県、神奈川県、千葉県の1都3県を指す。
　　　2．全産業における企業などに関する集計のうち、会社数を基に常用雇用者数を集計しており、個人事業者は含まれていない。

出典：2023年度版中小企業白書・小規模企業白書　2023年版中小企業白書・小規模企業白書　概要案（meti.go.jp）

SDGs官民連携プラットフォーム

SDGsと地方創生は、非常に密接な関わりを持ちます。地方創生に関連した政府の取り組みを見てみましょう。

1 地方創生SDGs官民連携プラットフォーム

地方創生SDGsの推進にあたっては、官と民が連携して取り組むことが重要との観点から、地域経済に新たな付加価値を生み出す企業・専門性をもったNGO・NPO・大学・研究機関など、広範なステークホルダー間でのパートナーシップを深める官民連携の場として、2018年8月31日に地方創生SDGs官民連携プラットフォームを設置しました。

活動内容は、主に以下の3つです。

マッチング支援：実現したいゴール、解決したい課題、ノウハウなどの知見を共有し、会員同士の連携を創出する

分科会開催：会員提案による分科会設置、課題解決に向けたプロジェクトの創出など

普及促進活動：プラットフォームロゴによるPR、国際フォーラムの開催、メールマガジン発信、後援名義発出、官民連携事例収集など

2 地方創生SDGs金融

地域創生SDGs金融とは、地域におけるSDGsの達成や地域課題の解決に取り組む地域事業者を金融面（投融資だけでなくコンサルティングなどの非金融サービスなども含む）から支援することによって、地域における資金の還流と再投資（「自律的好循環」の形成）

を促進する施策です。

2021年11月には、持続可能なまちづくりの実現に向けて、地方公共団体と地域金融機関などが連携して地域課題の解決やSDGsの達成に取り組む地域事業者を支援する取り組みを促進する観点から、内閣府特命担当大臣が表彰する**地方創生SDGs金融表彰**を創設しました。

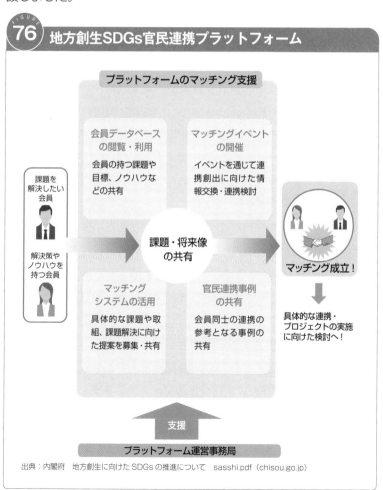

FIGURE 76 地方創生SDGs官民連携プラットフォーム

プラットフォームのマッチング支援

会員データベースの閲覧・利用
会員の持つ課題や目標、ノウハウなどの共有

マッチングイベントの開催
イベントを通じて連携創出に向けた情報交換・連携検討

課題を解決したい会員

解決策やノウハウを持つ会員

課題・将来像の共有

マッチングシステムの活用
具体的な課題や取組、課題解決に向けた提案を募集・共有

官民連携事例の共有
会員同士の連携の参考となる事例の共有

マッチング成立！

具体的な連携・プロジェクトの実施に向けた検討へ！

支援

プラットフォーム運営事務局

出典：内閣府　地方創生に向けたSDGsの推進について　sasshi.pdf（chisou.go.jp）

CHAPTER 7
3
SDGs達成に向けた
関係省庁の取り組み

中小企業のSDGsに関連する関係省庁の取り組みを見ましょう。

1 金融庁の取り組み

金融庁は、地域金融機関が顧客のニーズを捉えた付加価値の高い
サービスを提供することにより、安定した経営基盤を確保する取り
組みを実施しています。地域金融機関による事業性評価に基づく融
資や本業支援の取り組みなどを促進し、金融市場では、機関投資家が
対話を通じて、こうした地域金融機関による共通価値の創造に向け
た取り組みを支援・促進する役割を果たすことが期待されています。

2 環境省の取り組み

環境省は、地域の特性に応じた自立・分散型社会を目指す**地域循
環共生圏**を提唱しています。地域循環共生圏は、地域資源を活用し
て環境・経済・社会を良くしていく事業（ローカルSDGs事業）
を生み出し続けることで地域課題を解決し続け、自立した地域をつ
くるとともに、地域の個性を活かして地域同士が支え合うネット
ワークを形成する**自立・分散型社会**を示す考え方です。2016年か
ら、民間企業や地域での取り組みの先進事例などを紹介し議論を深
める場として、**SDGsステークホルダーズ・ミーティング**の年次開
催や、すべての企業が持続的に発展するためのSDGs活用ガイド
を作成し、変化するビジネス環境の中で企業が置かれている状況と、
企業にとってSDGsに取り組む意義について説明し、具体的な取
り組みの進め方を示しています。

SDGsと企業ブランディング

SDGsにおける企業ブランディングについて解説します。

1 企業ブランディングの重要性

　SDGs の達成期限である2030年に向け、SDGs が世界的に注目される中、企業にはブランド表現や経営理念そのものを再考することが求められています。

　SDGs を通し自社の取り組みを内外に伝えていくにあたり、SDGs は共感を呼ぶコミュニケーションツールになります。SDGs は企業のブランドをデザインし、ブランディングを通じた企業価値の向上に役立ちます。逆に言えば、社会性を含んだ骨太なブランド表現ができない企業は、厚みと深みのある強い企業ブランドや製品ブランドを築くことができなくなります。

2 中小企業における企業ブランディング

　中小企業においては経営理念が社会的価値向上に向けた取り組み実践の主要な1要因として機能します。つまり、中小企業における経営理念に即した事業経営は、中小企業の存在価値を高めるものになります。経営理念には、従来型の性能的卓越に加え、自社の社会的卓越がどこにあるかも併せて組み込むことが必要となっています。

　SDGs には世界が認めた課題が示されており、その解決に繋がる事業はニーズにマッチした社会貢献と言えます。どんな企業も今現在存在しているということは、何らかの社会への貢献があるという

ことです。自社の経営理念を SDGs に当てはめて社会的役割を発信しましょう。

　経営理念を再考し、場合によっては再構築するにあたって、自社の DNA やアイデンティティまで掘り下げていくことが肝心です。

　このような観点から、経営理念を刷新するだけでは不十分であり、社会とのコミュニケーション手段の確保と、コミュニケーション対象の拡大も求められます。これを総合的に強化することが、**サステナブル・ブランディング**への第一歩となります。

　現在の顧客や、これからターゲットとしたい未顧客にとってだけでなく、これから雇用が売り手市場になる中、未来に向けたストーリーを描き、共に働く仲間も増やし続けましょう。

　横浜市の印刷会社、株式会社大川印刷では、「社会的課題を解決するソーシャルプリンティングカンパニー ®」をパーパス（存在意義）に掲げています。2018年のジャパン SDGs アワードでは SDGs パートナーシップ賞を受賞し、業界内外から注目を集めています。

FIGURE 77 株式会社大川印刷　コーポレートサイト

出典：大川印刷（ohkawa-inc.co.jp）

SDGsとサステナビリティ

SDGsに触れると、必ずといっていいほどサステナビリティという言葉と出会います。SDGsとサステナビリティの関係性について考えましょう。

1 SDGsとサステナビリティ

SDGs は国際的な共通の目標であり、政府や企業などの各種団体が取り組むべきことが明確になっています。一方、サステナビリティは目標値ではなく、持続可能性のことで、経済的、社会的、環境的にバランスの取れた社会の実現を目指す考え方や概念です。サステナビリティは、長期的な観点からの持続可能な発展を追求することを目指しています。

SDGs はサステナビリティを追求する手段の1つとして位置づけられます。よって今後も企業はサステナビリティの一貫としてSDGs に取り組むことが求められています。

サステナビリティ関連データの把握、活用は各企業で推進されていますが、データの収集体制やフォーマット、マニュアルが未整備、バリューチェーン情報など、データ収集の範囲が広大であることなど、様々な課題があり、経済産業省は2022年11月から、サステナビリティ情報の開示に関する基準整備を行うためのワーキンググループを設置しました。

2 SDGsは持続可能な企業への道

　企業経営において、自然環境や社会と**トレード・オフ（二律背反）**になることは、もはや許されない時代に入っています。

　つまり、サステナビリティ経営やSDGs経営をきちんと行うことにより、社員の士気を向上させ、外部評価を高め、新たな事業機会を生み出し、その結果、企業価値も向上します。このように企業価値を高めた会社は、さらなる環境・社会イノベーションを推進し、課題解決に貢献します。このような循環こそが持続可能な企業です。

　SDGsは、持続可能な企業への起爆剤として活かすことが本来の活用方法です。社会・自然環境の課題の解決に寄与しつつ、健全な企業価値の創出、維持、向上に結び付けることが求められています。

SDGsは、持続可能な
企業を目指す起爆剤
となります。

SDGsとGX

ここでは、SDGsとGXの関係性に着目します。

1 中小企業にとってのGX

GXとは、Green Transformation（**グリーントランスフォーメーション**）の略で、温室効果ガスの排出が少ないクリーンなエネルギーの供給や環境対策の導入など、「グリーンによる変革」を行いながら持続可能な社会の実現を目指すものです。

日本政府は2020年、2050年までに温室効果ガスの排出を全体としてゼロにする**カーボンニュートラル**を目指すことを宣言しました。そしてその実行策として「2050年カーボンニュートラルに伴うグリーン成長戦略」をまとめ、洋上風力・太陽光・地熱産業、水素・燃料アンモニア産業、自動車・蓄電池産業など、産業政策・エネルギー政策の両面から、成長が期待される14の重要分野を設定しました。中小企業におけるカーボンニュートラルの事業方針上の優先度は高まっているものの、特に中小企業ではまだ十分にGXに取り組めていないことが課題となっています。GXの取り組みにはより専門的な知識や技術が必要になることもあり、「どうやって進めればいいか分からない」「対応する人材が不足している」などの問題点が挙げられています。

2 GX推進によるSDGs達成

SDGsは、脱炭素に限らず貧困や教育、ジェンダー平等など多様な課題を含んでいます。この中でGXと直接関わるのが、目標7「エ

CHAPTER 7 これからの中小企業のSDGs

155

ネルギーをみんなに、そしてクリーンに」です。また、気候変動への対策のひとつが脱炭素による地球温暖化の抑制であることから、目標13「気候変動に具体的な対策を」、GXによって経済成長と新たな雇用が生み出されることになれば、目標8「働きがいも経済成長も」も関連します。GXは、SDGs達成に向けた取り組みにおける横断的なテーマの1つといえます。

DXとGXの相性は良いです。中小企業においてはGXへも関心を持ち、デジタル×グリーンの観点で自社業務の見直しや新しい取り組みの検討が求められています。

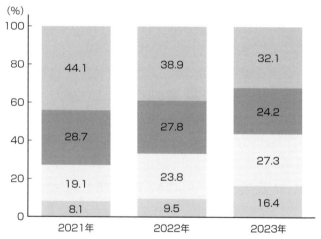

FIGURE 78 中小企業におけるカーボンニュートラルの事業方針上の優先度

	2021年	2022年	2023年
優先順位は高い	44.1	38.9	32.1
優先順位はやや高い	28.7	27.8	24.2
優先順位はやや低い	19.1	23.8	27.3
優先順位は低い	8.1	9.5	16.4

■ 優先順位は高い　■ 優先順位はやや高い　■ 優先順位はやや低い　■ 優先順位は低い

注：1）発注側事業者向けアンケートを集計したもの。
　　2）カーボンニュートラルの事業方針上の位置づけについて「分からない」を除いて集計。
　　3）母数は2020年が1,730、2021年が1,769、2022年が1,829。
資料：（株）東京商工リサーチ「令和4年度取引条件改善状況調査」（2022年11月）

出典：2023年度版中小企業白書・小規模企業白書　2023年版中小企業白書・小規模企業白書　概要案（meti.go.jp）

Society5.0

Society 5.0の考え方を知りましょう。

1 Society5.0とは

Society5.0とは、AIやIoT、ロボット、ビッグデータなどの革新技術をあらゆる産業や社会に取り入れることにより実現する新たな未来社会の姿です。狩猟社会（**Society1.0**)、農耕社会（**Society2.0**)、工業社会（**Society3.0**)、情報社会（**Society4.0**）に続く、人類社会発展の歴史における5番目の新しい社会の姿とも言えます。内閣府の第5期科学技術基本計画（2016～2022年度）において日本が目指すべき未来社会の姿として初めて提唱されました。

未来社会では、健康・医療、農業・食料、環境・気候変動、エネルギー、安全・防災、人やジェンダーの平等などの様々な社会的課題の解決とともに、国や人種、年齢、性別を越えて必要な人に、必要なモノ・サービスが、必要なだけ届く快適な暮らしが実現します。これは決してAIやロボットに支配され、監視される未来ではありません。また、一部の先進国だけが成果を享受する社会でもありません。世界のあらゆるところで実現でき、誰もが快適で活力に満ちた質の高い生活を送ることができる新たな人間中心の社会です。

2 Society5.0実現へ向けた経団連の取り組み

経団連は、SDGsの達成に向けて、革新技術を最大限活用することにより経済発展と社会的課題の解決の両立するコンセプト「Society5.0」を提案しています。

2022年12月には、サステナブルな資本主義の確立を目指し、Society 5.0の実現を通じたSDGsの達成を柱として企業行動憲章の序文と実行の手引きを改定しました。中小企業にも、SDGsの達成に資するイノベーションとしてのSociety5.0の達成が求められています。

79 Society4.0から5.0への変革

Society4.0　情報化社会

ICTの活用による個別最適化
天然資源の効率的活用
時空間制約など、様々な制約に依存した社会
個別課題への解決の模索
個別産業の効率化

Society5.0　超スマート社会

サイバー空間と現実空間の融合による社会全体の最適化
新たな資源（データ）の活用
様々な制約から解放された社会
複雑化する社会的課題の解決
社会・国民の豊かさの実現

SDGs GOALS

出典：Society 5.0に向けて | 経団連 |KeidanrenSDGs

SDGsに関して、SDGs以外でも何か取り組みたい、できること
をしたいとあなたが思っているのであれば、行動するのは今です。読
者の皆様がSDGs人生で新たな一歩を踏み出せることを心から応援
しております。

　本書を執筆するにあたり取材を引き受けてくださった企業の皆様、
応援し支えてくださったすべての方に感謝申し上げます。今後の人
生で必ず恩返しします。本書を手に取って頂き、最後まで読んで頂
き、本当にありがとうございました。

寺坂絵里

用語解説

あ行

●アウトサイド・イン

顧客や市場のさらに先にある「社会にあるニーズ」、つまり社会課題を起点とした外部者視点。内部者視点をインサイド・アウトという。

●アウトサイド・イン・アプローチ

将来のありたい姿や何が必要かを企業の外部者視点（アウトサイド・イン）から検討し、目標を設定する方法。

●イノベーション

開発などの活動を通じて、利用可能なリソースや価値を効果的に組み合わせることで、これまでにない（あるいは従来より大きく改善された）製品・サービスなどの価値を創出・提供し、グローバルに生活様式あるいは産業構造に変化をもたらすこと。

●インパクト加重会計

従来の財務諸表では表現されていなかった社会的インパクトを会計上に織り込む考え方。

●インパクト投資

財務的リターンと並行し社会や環境へのインパクトを目的とする投資。

●ウェルビーイング

「よく在る」ことを意味する概念で、「人間本来の健康的な豊かさ」とも表現される。非常に多次元的な概念であり、単に個人の状態を示すものではなく、これからの時代の一人一人の目的とは何なのか、それを支える国家・企業・地域、そして、社会・経済・環境はどうあるべきなのかを考える軸とされている。

●エコシステム

ある領域（地域や空間など）の生き物や植物が、互いに依存しつつ生態系を維持する関係のこと。ビジネス分野では世界中の様々な企業が連携・協業しながら共存・共栄していくために、お互いの収益に貢献しあえる仕組みを意味する。

●エシカル消費

地域の活性化や雇用などを含む、人・社会・地域・環境に配慮した消費行動。商品やサービスの裏に隠されたストーリーを重視し、私たち1人ひとりが、社会的な課題に気付き、日々の消費を通して、その課題の解決のために、自分にできることを実践したいという意識から生まれた言葉。

●エネルギーソリューション

再生可能エネルギーを普及させてカーボンニュートラルな社会を実現するための様々な事業やシステムの総称。

●オーバーツーリズム

観光地に過度な観光客が押し寄せることで渋滞が起きたり、街にゴミが散乱するなどのマナー違反が相次いだりと、観光が地域の生活に負の影響を及ぼす現象。

●カーボンニュートラル

温室効果ガスの排出量と吸収量を均衡させること。2020年10月、政府は2050年までに温室効果ガスの排出を全体としてゼロにする、カーボンニュートラルを目指すことを宣言した。「排出を全体としてゼロ」というのは、二酸化炭素をはじめとする温室効果ガスの「排出量」から、植林、森林管理などによる「吸収量」を差し引いて、合計を実質的にゼロにすることを意味している。

●企業版ふるさと納税

正式名称を「地方創生応援税制」といい、企業が地域再生法の認定地方公共団体が実施する「まち・ひと・しごと創生寄附活用事業」に対して寄附を行った場合に、税制上の優遇措置を受けられる仕組み。

●キャズム理論

新しい製品、サービスを採用するタイミングが早い順に消費者を次の5つのタイプに分類。アーリーマジョリティーからラガード（全体の84%）までは「メインストリーム市場」と呼ばれ、これら2つの市場の間には深い溝（キャズム）があるとされる考え。各タイプは以下の通り。

イノベーター（Innovators）：新しいものを進んで採用するグループ。周囲の評判を気にせずに取り組む傾向にあり、全体の2.5%を構成する。

アーリーアダプター（Early Adopters）：早い段階でイノベーターの可能性を評価し、自ら情報収集を行い判断するグループ。オピニオンリーダーとして

マジョリティに影響を与える存在になり得る。全体の13.5%を構成する。

アーリーマジョリティ（Early Majority）：新しいものの採用には慎重で、イノベーター、アーリーアダプターの行動を受けて動き出す初期の追随多数者。ブリッジピープルとも呼ばれ、全体の34.0%を構成する。

レイトマジョリティ（Late Majority）：新しい動きには懐疑的で、周囲の大多数の動向を見てから同じ選択をする後期の追随多数者。フォロワーズとも呼ばれ、全体の34.0%を構成する。

ラガード（Laggards）：変化を好まない保守的な伝統主義者から構成される遅滞層。流行が一般化するまで採用しないか、あるいは最後まで採用しない人々。全体の16.0%を構成する。

●経済合理性曲線

社会にある問題を「普遍性」と「難易度」の2軸で分類し、問題解決にかかる費用と問題解決で得られる利益が均衡する限界ライン。

●コレクティブ・インパクト

パートナリング強化の潮流として立場の異なる組織（行政機関、民間企業、NPO法人、財団など）が、組織の壁を越えてお互いの強みを出し合い、社会課題の解決を目指すアプローチ。コレクティブ・インパクトに必要な5要素は以下の通り。

1. **共通のアジェンダ**…すべての参加者がビジョンを共有していること。
2. **評価システムの共有**…取り組み全体と主体個々の取り組みを評価するシステムを共有していること。

3. **活動をお互いに補強しあう**…各自強みを生かすことで、活動を補完し合い、連動できていること。
4. **継続的なコミュニケーション**…常に継続的なコミュニケーションを行えていること。
5. **活動を支える組織**…活動全体をサポートする専任のチームがあること。

さ行

●サーキュラーファッション

耐久性があり、責任を持って循環するようにデザインされた衣服や靴、アクセサリーのこと。「循環型ファッション」とも呼ばれる。製品の素材と製造生産、販売までを慎重に検討し、製品を最後まで使用し、さらに別のものに再利用することの価値が強調される。

●サステナビリティ

英語の"sustainability"の日本語表記で「持続可能な」、つまり「ずっと保ち続けることができる」の意味であり、経済的、社会的、環境的にバランスの取れた社会の実現を目指す考え方や概念。

●サステナブルツーリズム

訪問客、産業、環境、受け入れ地域の需要に適合しつつ、現在と未来の環境、社会文化、経済への影響に十分配慮した観光。

●サプライチェーン

製品の原材料・部品の調達から、製造、在庫管理、配送、販売、消費までの全体の一連の流れのこと。日本語では「供給連鎖」といわれている。

●三方よし

売り手、買い手、世間、三方向すべてが満足する商売のこと。現在の滋賀県にあたる近江に本店を置き、江戸時代から明治時代にわたって日本各地で活躍していた近江商人が大切にしていた考え。

●サプライチェーン排出量

事業者自らの排出だけでなく、事業活動に関係するあらゆる排出を合計した排出量を指す。つまり、原材料調達・製造・物流・販売・廃棄など、一連の流れ全体から発生する温室効果ガス排出量のこと。サプライチェーン排出量＝Scope1排出量＋Scope2排出量＋Scope3排出量で算出する。

- **Scope1**：事業者自らによる温室効果ガスの直接排出（燃料の燃焼、工業プロセス）。
- **Scope2**：他社から供給された電気、熱・蒸気の使用に伴う間接排出。
- **Scope3**：Scope1、Scope2以外の間接排出（事業者の活動に関連する他社の排出）。

●ジェンダーフリー教育

「男性だから」とか「女性だから」といった固定観念を生まない教育。

●自治体SDGsモデル事業

SDGsの理念に沿った経済・社会・環境の三側面の統合的取り組みによる相乗効果、新しい価値の創出を通して持続可能な開発を実現するポテンシャルが高い取り組みであり、多様なステークホルダーとの連携を通し、地域における自律的好循環が見込める、特に先導的な事業。

● ジャパンSDGsアワード

　企業や団体などにおけるSDGsの取り組みを後押しする観点から、外務省が主催となりSDGs達成に資する優れた取り組みを行っている企業・団体などをSDGs推進本部として表彰するもので、NGO・NPO、有識者、民間セクター、国際機関などの広範な関係者が集まるSDGs推進円卓会議構成員から成る選考委員会の意見を踏まえて決定される。2017年以降、全6回の表彰が行われた（2023年7月時点）。

● 従業員エンゲージメント

　企業に対する従業員の思いや態度を表す言葉。

● 女性活躍推進法

　女性の職業生活における活躍の推進に関する法律。2015年8月28日に国会で成立。働く場面で活躍したいという希望を持つすべての女性が、その個性と能力を十分に発揮できる社会を実現するために、女性の活躍推進に向けた数値目標を盛り込んだ行動計画の策定・公表や、女性の職業生活における活躍に関する情報の公表が事業主（国や地方公共団体、民間企業など）に義務付けられた。改正女性活躍推進法では、一般事業主行動計画の策定が、常時雇用する労働者が301人以上の企業に義務付けられた。2022年4月1日から、101人以上300人以下の企業にも 策定・届出と情報公表が義務化された。

● 振興基準

　下請事業者および親事業者のよるべき一般的な基準として下請中小企業振興法第3条第1項の規定に基づき定められ、振興基準に定める具体的な事項について、主務大臣（下請事業者、親事業者の事業を所管する大臣）が、必要に応じて下請事業者および親事業者に対して指導、助言を行うもの。

　1971年3月12日に策定・公表され、その後の経済情勢の変化などを踏まえ、数回改正されている。2022年7月29日、更なる下請中小企業の振興を目的に、価格交渉や価格転嫁しやすい取引環境整備や下請Gメンが把握した問題事例への対応に関する事項などについて改正された。

● ステークホルダー

　企業・行政・NPOなどの利害と行動に直接・間接的な利害関係を有する者を指す。日本語では利害関係者という。具体的には、消費者（顧客）、従業員、株主、債権者、仕入先、得意先、地域社会、行政機関など。

● 生分解性プラスチック

　使用するときには従来のプラスチック同様の性状と機能を維持しつつ、使用後は自然界の微生物などの働きによって生分解され、最終的には水と二酸化炭素に完全に分解されるプラスチック。

● セクショナリズム

　自分が属している組織全体の利益・効率を無視し、自分が保持する権利や利益だけにこだわり、他の集団に関して、非協力的で排他的な態度をとる状態のネガティブな思考。sectional「部分的、局部的」とism「主義」が組み合わさりできた言葉。

●ダイバーシティ

「多様性」の意味を持つ言葉。具体的には、人種、性別、年齢、宗教、趣味、嗜好など、多様な人材が集まっている状態を指す。

●ダイバーシティ経営

多様な人材を活かし、その能力が最大限発揮できる機会を提供することで、イノベーションを生み出し、価値創造に繋げている経営。「多様な人材」とは、性別、年齢、人種や国籍、障がいの有無、性的指向、宗教・信条、価値観などの多様性だけでなく、キャリアや経験、働き方などの多様性も含む。「能力」には、多様な人材それぞれの持つ潜在的な能力や特性なども含む。「イノベーションを生み出し、価値創造に繋げている経営」とは、組織内の個々の人材がその特性を活かし、生き生きと働くことのできる環境を整えることによって、自由な発想が生まれ、生産性を向上し、自社の競争力強化に繋がる、といった一連の流れを生み出しうる経営のこと。

●男女共同参画社会

男女が、社会の対等な構成員として、自らの意思によって社会のあらゆる分野における活動に参画する機会が確保され、男女が均等に政治的、経済的、社会的及び文化的利益を享受することができ、かつ、共に責任を担うべき社会。

●地域経済エコシステム

ある地域において、企業、金融機関、地方自治体、政府機関などの各主体が、それぞれの役割を果たしつつ、相互補完関係を構築するとともに、地域外の経済主体などとも密接な関係を持ちながら、多面的に連携・共創してゆく関係。

●地域循環共生圏

地域資源を活用して環境・経済・社会を良くしていく事業（ローカルSDGs事業）を生み出し続けることで地域課題を解決し続け、自立した地域をつくると共に、地域の個性を活かして地域同士が支え合うネットワークを形成する「自立・分散型社会」を示す考え方。

●地方創生

東京への人口集中による地方の人口減少を是正し、日本の活力向上を目指す一連の政策。2014年の総理大臣記者会見で発表された。

●地方創生SDGs官民連携プラットフォーム

地方創生SDGsの推進に当たって、官と民が連携して取り組むことが重要との観点から、地域経済に新たな付加価値を生み出す企業・専門性をもったNGO・NPO・大学・研究機関など、広範なステークホルダー間とのパートナーシップを深める官民連携の場として、2018年8月31日に設置されたもの。

●地方創生SDGs金融

地域におけるSDGsの達成や地域課題の解決に取り組む地域事業者を金融面（投融資だけでなくコンサルティングなどの非金融サービスなども含む）から支援することによって、地域における資金の還流と再投資（「自律的好循環」の形成）を促進する施策。

●ディーセントワーク

　働きがいのある人間らしい仕事であり、生きがいを持って安心して働ける環境づくりという意味が込められている言葉。

●統合報告書

　財務情報（売り上げや利益、資産など）と非財務情報（企業理念、ビジョン、ビジネスモデル、技術、ブランド、人材、ガバナンス、CSR、SDGsなどの取り組み）を統合し、投資家や世間に向けてアピールするための資料。

●トランスフォーメーション

　変革、変化という意味。デジタルトランスフォーメーション（DX）を始めとした言葉と共に使われ、人々の暮らしをより良いものへと変革することという意味で用いられる。

は行

●パートナーシップ宣言

　企業規模の大小に関わらず、発注者の立場で自社の取引方針を宣言するもの。より多くの企業が宣言することで、サプライチェーン全体での付加価値向上の取り組みや、規模・系列などを越えたオープンイノベーションなどの新たな連携を促進する。

●パーパス経営

　企業の存在意義を明確にし、社会に貢献する経営を実践すること

●働き方改革

　働く人々がそれぞれの事情に応じた多様な働き方を選択できる社会を実現すること。

●働き方改革関連法

　日本が直面している「少子高齢化による労働人口の減少」「長時間労働の慢性化」「正規雇用労働者と非正規雇用労働者の賃金格差」「有給取得率の低迷」「育児や介護との両立など、働く人のニーズの多様化（共働きの増加・高齢化による介護の必要性の増加など）」「企業におけるダイバーシティの実現の必要性」などの問題への対策の一環として、ワークライフバランス実現のための長時間労働の抑制、雇用形態に関わらない公正な待遇の確保（非正規雇用労働者の保護）、などを目的として関連法（労働基準法、労働安全衛生法、労働契約法、労働者派遣法など）を改正したもの。2019年4月1日から順次施行。

●バックキャスティング

　現在とかけ離れた目標を掲げて、それを達成するために必要な施策を検討すること。反対の言葉はフォアキャスティング。

●バリューチェーンマッピング

　自社の強みを生かせる分野、事業リスクを減らすために必要な事項を抽出するため、自社のバリューチェーンの各工程を分析対象として、この中で発生する正と負の影響を洗い出す手順。

●バリュー・プロポジション分析

　自社が製品を通して顧客に提供する価値（バリュー・プロポジション）が、顧客の求めるものに対してどのようにフィットするのかの分析手法。

● ハンズオン支援

独立行政法人中小企業基盤整備機構（中小機構）が新分野進出や新製品・新サービスの開発、営業活動の強化、生産性の向上、原価低減、事業計画の策定など、様々な経営課題の解決を図りたい企業に対して専門家を一定期間（5ヶ月程度～最大12ヶ月）派遣する制度。中小企業者が主体的に取り組むことで、支援終了後も自立的・持続的に成長可能な仕組み作りをサポートする。

● 非財務情報

経営戦略や経営課題、企業が行うサステナビリティの取り組みなど、数値や数量で表せる財務以外の情報。

● ピクトグラム

特定の言語を使わない・分からない場合でも、誰にでも情報を伝えられるように簡略化されたデザインのこと。代表例としては、緑の背景に走っている人間が描かれている非常口のマークが挙げられる。

● ビッグデータ

人間では全体を把握することが難しい巨大なデータ群のこと。近年、社会情勢の変化や関連技術の進化によって、注目を集めている。

● フォアキャスティング

目的達成を目指すにあたり現状を起点として未来を考える手法。反対の言葉はバックキャスティング。

● プラスチックに係る資源循環の促進等に関する法律

プラスチックの資源循環の促進などの取り組み（3R+Renewable（バイオマス化・再生材利用など））を総合的かつ計画的に推進するため、以下の事項などに関する基本方針を策定したもの。2021年6月11日公布、2021年4月1日施行。

- プラスチック廃棄物の排出の抑制、再資源化に資する環境配慮設計
- ワンウェイプラスチック（一度だけ使われて廃棄されるプラスチック製品）の使用の合理化
- プラスチック廃棄物の分別収集、自主回収、再資源化等

● プロボノ

職業上のスキルや経験を生かして取り組む社会貢献活動のことで、ラテン語の「Pro bono publico（公共善のために）」が語源と言われている。自発的な（無償での）社会貢献活動のことをまとめてボランティアと言うため、プロボノもボランティアの一種。ボランティアの中で「職業上のスキルや経験を生かして社会課題に対して取り組んでいる」場合、プロボノに分類される。

● ポジティブインパクトファイナンス

国連環境計画金融イニシアチブ（UNEPFI）が2017年1月に策定したSDGsの達成に向けた金融の枠組みであり、企業のSDGs達成に向けた貢献を開示し、金融機関などからそのプラスの影響（インパクト）を評価されて融資を受けることにより、さらなるプラスの影響の増大、マイナスの影響の低減の努力

を増進させるもの。

●マテリアリティ

　企業や組織が優先して取り組む重要課題。

●よろず支援相談所

　中小企業・小規模事業者からの経営上のあらゆる相談に応えるために、国が全国設置した無料の経営相談所。売上拡大や経営改善などの経営課題の解決に向けて、一歩踏み込んだ専門的な提案を行う。また、課題解決に向けて相談内容に応じた適切な支援機関の紹介や課題に対応した支援機関の相互連携をコーディネートする。

●レインフォレスト・アライアンス認証

　製品または原料が、持続可能性の3つの柱（社会・経済・環境）の強化に繋がる手法を用いて生産されたものである認証制度。生産者は、認証の取得または更新に先立ち、独立した第三者機関の審査員から、3つの分野のすべてにわたる要件に基づいて評価を受ける。森林、機構、人権、生活水準という基準に焦点が当てられている。

●AI

　人工知能（Artificial Intelligence）の略称。コンピュータの性能が大きく向上したことにより、機械であるコンピュータが学習できるようになった。AI技術により、翻訳や自動運転、医療画像診断や囲碁といった人間の知的活動に、AIが大きな役割を果たしつつある。

●CSR

　Corporate Social Responsibilityの略称。自社と社会との協調を図り、企業価値を高めるための様々な活動を包含する幅広い概念。ISO（国際標準化機構）では、組織の決定および活動が社会および環境に及ぼす影響に対して、透明かつ倫理的な行動を通じて組織が担う責任と定義されている。

●CSV

　Creating Shared Valueの略称。企業が事業を通じて社会的な課題を解決することで創出される社会価値（環境、社会へのポジティブな影響）と経済価値（事業利益、成長）を両立させる経営戦略の概念。

●DX

　Digital Transformation（デジタルトランスフォーメーション）の略称。データやデジタル技術を使って、顧客目線で新たな価値を創出していくこと。

●ESD

　Education for Sustainable Development（持続可能な開発のための教育）の略称。気候変動、生物多様性の喪失、資源の枯渇、貧困の拡大など、人類の開発活動に起因する様々な現代社会の問題を自らの問題として主体的に捉え、人類が将来の世代にわたり恵み豊かな生活を確保できるよう、身近なところから取り組む（think globally, act locally）ことで、問題の解決に繋がる新

たな価値観や行動などの変容をもたらし、持続可能な社会を実現していくことを目指して行う学習・教育活動。

●ESG
Environmental, Social, and Governanceの略称であり、環境、社会、企業統治の頭文字をとったもの。環境、社会、企業統治の3つの面を考慮した企業活動を意味する。

●ESG投資
経済的リターンを得ることを前提とした、財務情報以外にも多様に存在するESG要素を考慮する投資手法。

●EV
Electric Vehicleの略称であり、電気を動力にして動く車両全般を指す言葉。

●GX
Green Transformation（グリーントランスフォーメーション）の略称で、温室効果ガスの排出が少ないクリーンなエネルギーの供給や環境対策の導入など、「グリーンによる変革」を行いながら持続可能な社会の実現を目指すもの。

●ICT
Information and Communication Technologyの略称。日本語では、「情報通信技術」と訳され、コンピュータを単独で使うだけでなく、ネットワークを活用して情報や知識を共有することも含めた幅広い言葉。

●IR
Investor Relations（投資家向け広報）の略称。事業運営のための資金を提供してくれる投資家や株主に向けて、投資を判断する際に必要な自社の情報を、自主的に公平に提供する活動のこと。

●KPI
Key Performance Indicatorの略称で、重要業績評価指標。

●MDGs
Millennium Development Goals（ミレニアム開発目標）の略称であり、2001年～2015年の間で特に途上国の人々が直面していた多くの問題を解決する目標。2015年までに達成すべき8つの目標が掲げられている。
目標1：極度の貧困と飢餓の撲滅
目標2：普遍的初等教育の達成
目標3：ジェンダーの平等の推進と女性の地位向上
目標4：乳幼児死亡率の削減
目標5：妊産婦の健康の改善
目標6：HIV／エイズ、マラリア及びその他の疾病の蔓延防止
目標7：環境の持続可能性の確保
目標8：開発のためのグローバル・パートナーシップの推進

●OEM
Original Equipment Manufacturingもしくは、Original Equipment Manufacturerの略称であり、委託者（他社ブランド）の製品を製造すること、または製造を受託する企業のこと。

●ODM
Original Design Manufacturingの略称であり、委託者（他社ブランド）の

製品を設計・製造すること、またはメーカーのこと。

●PDCAサイクル

業務の品質や効率を高めることを目的とした業務管理手法の1つ。業務上のプロセスを4つ（Plan／計画、Do／実行、Check／評価、Action／改善）に分けて実行することにより、業務品質や効率の向上を図る。

●PRI

Principles for Responsible Investment（責任投資原則）の略称。ESGという要素の他、投資家が責任ある投資を行うための6原則が提唱された。PRIへの署名は、これからの投資行動にESG要素を反映していく意思を明確にすることを意味する。

原則1：投資分析と意思決定のプロセスにESG課題を組み込む。

原則2：活動的な所有者となり所有方針・所有習慣にESG課題を組み込む。

原則3：投資対象の主体に対してESG課題の適切な開示を求める。

原則4：資産運用業界に原則の受け入れと実行の働きかけをする。

原則5：原則を実行するときの効果を高めるために協働する。

原則6：原則の実行に関する活動状況や進捗状況を報告する。

●SDGs

Sustainable Development Goals（持続可能な開発目標）の略称。2015年9月の国連サミットで加盟国193カ国の全会一致で採択された「持続可能な開発のための2030アジェンダ」に記載されており、2030年までに持続可能でよりよい世界を目指す国際目標です。17の目標とそれらを達成するための169のターゲットで構成されている。

●SDGsウォッシュ

SDGsに取り組んでいるように見えて実態が伴わないこと。

●SDGs債

発行体のサステナビリティ戦略における文脈に即し、環境・社会課題解決を目的として発行される債券のこと。元利払いにおける一般的なSDGs債の信用力は、その発行体が発行する他の通常の債券と同様。SDGs債が通常の債券と異なる点は、環境・社会課題解決のための資金使途が特定されている及び／又はSDGsの実現に貢献するKPI設定／SPTs（サステナビリティパフォーマンスターゲット／サステナビリティの目標数値や達成目標）達成型の性質を持っていることであり、複数の投資家から集められた投資資金は、直接金融市場を通じて、SDGs達成に貢献する。

●SDGsネイティブ世代

幼い頃から日常生活や学校教育などでSDGsに関する言葉や知識に触れ、環境問題や社会課題に高い関心を持つ人を指す言葉。主にミレニアル世代（1981年～97年生まれ）とZ世代（1998年から2010年生まれ）の若者の総称とされている。

●SDGs未来都市

地方創生SDGsの達成に向け、優れ

たSDGsの取り組みを提案する地方自治体。

●Society5.0

AIやIoT、ロボット、ビッグデータなどの革新技術をあらゆる産業や社会に取り入れることにより実現する新たな未来社会の姿。狩猟社会（Society 1.0）、農耕社会（Society 2.0）、工業社会（Society 3.0）、情報社会（Society 4.0）に続く、人類社会発展の歴史における5番目の新しい社会の姿とも言える。第5期科学技術基本計画（2016年度〜2022年度）において日本が目指すべき未来社会の姿として初めて提唱された。

●SRI

Socially Responsible Investmentの略称であり、社会的責任投資のこと。従来の財務的側面だけでなく、企業として社会的責任（社会的・倫理的側面など）を果たしているかといった状況も考慮して投資対象を選ぶことを言う。古くは、米国でキリスト教の教会が資産運用を行う際に、タバコやアルコール、ギャンブルなどのキリスト教の教えに反する内容の業種を投資対象から外したことがSRIの始まりだといわれている。

●STEAM（スティーム）教育

STEAMとは、Science（科学）、Technology（技術）、Engineering（工学）、Mathematics（数学）の4分野に跨る理数教育に、Art（芸術、文化、生活、経済、法律、政治、倫理など）を加えたもの。STEAM教育とは、各教科などでの学習を実社会での問題発見・解決に活かしていくための教科横断的な教育活動。

●VUCA（ブーカ）

ビジネスや市場環境が大きく変化し、先行きが不透明で未来が予測できない状態を指す。以下の言葉の略。
Volatility：変動制・不安定性
Uncertainty：不確実性
Complexity：複雑性・不可逆的
Ambiguity：曖昧性・不明確さ

●Will/Can/Must

自社が実現したいこと・企業理念・戦略（Will）、自社の強み（Can）、社会から求められていること・市場規模（Must）を意味する。主にキャリアプラン構築などの目標設定におけるフレームワークに使われる。

●3R

Reduce（リデュース）、Reuse（リユース）、Recycle（リサイクル）の3つのRの総称。

- **Reduce**（リデュース）：製品をつくる時に使う資源の量を少なくすることや廃棄物の発生を少なくすること。耐久性の高い製品の提供や製品寿命延長のためのメンテナンス体制の工夫なども取り組みの1つ。
- **Reuse**（リユース）：使用済製品やその部品などを繰り返し使用すること。その実現を可能とする製品の提供、修理・診断技術の開発、リマニュファクチャリングなども取り組みの1つ。
- **Recycle**（リサイクル）：廃棄物などを原材料やエネルギー源として有効利用すること。その実現を可能とする製品設計、使用済製品の回収、リサイクル技術・装置の開発なども取り組みの1つ。

●5つのP

SDGs17の目標を5つのグループに分け、People、Planet、Prosperity、Peace、Partnershipの頭文字を取ったもの。それぞれの意味は以下の通り。

- **人間**（people）：すべての人の人権が尊重され、尊厳をもち、平等に、潜在能力を発揮できるようにする。貧困と飢餓を終わらせ、ジェンダー平等を達成し、すべての人に教育、水と衛生、健康的な生活を保障する。
- **地球**（planet）：責任ある消費と生産、天然資源の持続可能な管理、気候変動への緊急な対応などを通して、地球を破壊から守る。
- **豊かさ**（prosperity）：全ての人が豊かで充実した生活を送れるようにし、自然と調和する経済、社会、技術の進展を確保する。
- **平和**（peace）：平和、公正で、恐怖と暴力のない、インクルーシブな（すべての人が受け入れられ参加できる）世界を目指す。
- **パートナーシップ**（partnership）：政府、民間セクター、市民社会、国連機関を含む多様な関係者が参加する、グローバルなパートナーシップにより実現を目指す。

●5S

整理（Seiri）、整頓（Seiton）、清掃（Seisou）、清潔（Seiketsu）、躾（Shitsuke）をローマ字読みした際の頭文字の「S」を取ったもの。

用語解説

175

索引

索引

●著者紹介

寺坂 絵里（てらさか えり）

1994年兵庫県生まれ。兵庫県立加古川東高校、広島大学総合科学部卒。大学在学時はタイの東大と言われるチュラロンコン大学に交換留学。帰国後、地域×国際交流をテーマにした学生ボランティア団体を立ち上げ、初代代表として地域と留学生を繋ぐ活動を展開。
新卒で総合電機メーカーに入社後、現在に至るまで国内外の鉄道事業の調達業務に携わる。ミスコンテストLady Universe Japan 2022ではSDGs活動が評価され、SDGs Awardを受賞。現在は外国人への日本語教育ボランティア活動にも従事中。

図解ポケット（ずかい）

中小企業のSDGs対策が（ちゅうしょう き ぎょう エスディージーズ たいさく）
よくわかる本（ほん）

発行日	2023年 8月 7日	第1版第1刷

著　者　寺坂　絵里（てらさか えり）

発行者　斉藤　和邦
発行所　株式会社　秀和システム
　　　　〒135-0016
　　　　東京都江東区東陽2-4-2　新宮ビル2F
　　　　Tel 03-6264-3105（販売）Fax 03-6264-3094
印刷所　三松堂印刷株式会社　　　　Printed in Japan

ISBN978-4-7980-7009-4 C0034